7.80

POLYGLOTT-REISEFÜHRER

W0416504

Eifel

Mit 35 Illustrationen
sowie 16 Karten und Plänen

ALLGEMEINES

STADTBESCHREIBUNGEN

REISEROUTEN

POLYGLOTT-VERLAG

MÜNCHEN

Herausgegeben von der Polyglott-Redaktion
Verfasser: Vitalis Pantenburg
Illustrationen: Astrid Hufnagel
Karten und Pläne: Franz Huber und Gert Oberländer
Umschlag: Toni Blank

*

Wir danken den regionalen und örtlichen Fremdenverkehrsverbänden und -vereinen für die uns bereitwillig gewährte Unterstützung.

Ergänzende Anregungen, für die wir jederzeit dankbar sind, bitten wir zu richten an:
Polyglott-Verlag, Redaktion, Postfach 40 11 20, 8000 München 40.

Alle Angaben (ohne Gewähr) nach dem Stand Juni 1987.

*

Zeichenerklärung:

Information — Eisenbahnverbindungen — Autobusverbindungen
Erstklassige Hotels — Gute Hotels
Einfache Hotels, Pensionen und Gasthöfe
Jugendherbergen — Campingplätze — Schwimmbäder

Die in eckigen Klammern stehenden Ziffern decken sich mit den auf den Plänen eingezeichneten Ziffern.

Kilometerangaben hinter Ortsnamen zeigen die Entfernung vom Beginn der jeweiligen Route aus an.

Farbige Ziffern am Seitenrand weisen auf die Routennummern hin.

*

Wertung der Sehenswürdigkeiten:

*** kennzeichnen Sehenswürdigkeiten ersten Ranges. Sie aufzusuchen, ist eine eigene Reise wert.

** kennzeichnen bedeutende Landschaften, Orte, Gebäude oder Kunstwerke. Um sie zu sehen, lohnt sich ein Umweg.

* kennzeichnet sehenswerte Objekte, die man in einem Land, in einem Ort oder an einem Gebäude beachten soll.

*

7. Auflage 1987/88

Printed in Germany / Druckhaus Langenscheidt, Berlin / L,w. VIII. Zl.
ISBN 3-493-60629-X

Monschau, Bürgerhäuser an der Rur

Land und Leute

Das Mittelgebirgsland Eifel ist eine Landschaft von eigenartigem, herbem Reiz, eine Landschaft, die verkehrstechnisch recht gut erschlossen ist und doch vom Massentourismus zum Glück noch nicht überrollt wurde.

Eifelstimmung skizzierte mit einprägsamen Worten u. a. die Dichterin *Clara Viebig* in einigen ihrer Romane und Novellen. Von den Malern gibt vor allem *Fritz v. Wille* mit seinem kraftvoll geführten Federstrich den herben Charakter dieses Landstriches wieder.

Typisch für die Südeifel sind die Maare, das sind Seen, die sich in erloschenen Vulkankegeln gebildet haben. Vom Flugzeug sehen sie wie großflächige Spiegel aus. Nicht weniger als 55 davon liegen in dem bewaldeten Bergland.

Im deutsch-belgischen Grenzbereich dagegen erstreckt sich die weite Moorlandschaft des Hohen Venn. Man findet aber auch, über das Land verstreut, auf Waldhöhen die Ruinen trutziger Burgen, ehemals Sitze berühmter Grafengeschlechter.

Geistige Impulse gingen in früheren Zeiten von den Klöstern der Eifel aus: so von Maria Laach (berühmte Benediktinerabtei am Laacher See, dem größten Eifelmaar), von den Klöstern Maria Wald, Himmerod, Springiersbach und dem mehr als tausend Jahre alten Prüm.

Besonders reizvoll ist es, dieses Land auf seinen gut ausgezeichneten Wander- und Radwegen zu erkunden.

Lage, Grenzen, Größe

Das unter geologischen, landschaftlichen und geschichtlichen Aspekten interessante Mittelgebirgsland Eifel liegt zwischen Rhein, Mosel, Ardennen und der niederrheinischen Tiefebene und gehört zum nordwestlichsten Teil des Rheinischen Schiefergebirges.

Es ist etwa 9000 km^2 groß. Dabei umfaßt der zum Bundesland Rheinland-Pfalz gehörende Teil rund 6000 km^2, auf die nordrhein-westfälischen Landkreise Aachen, Düren und Euskirchen, die nur teilweise in der Eifel liegen, fallen rund 3000 km^2. Nach der Landkreisreform gibt es in Rheinland-Pfalz sechs Eifel-Landkreise, von denen Bitburg-Prüm, Daun, Ahrweiler ganz zur Eifel zählen, während Bernkastel-Wittlich, Cochem-Zell und Mayen-Koblenz südlich der Mosel noch in den Hunsrück reichen. Insgesamt leben nach amtlichen Schätzungen in der Eifel rund 650 000 Menschen. Die Bevölkerungsdichte (70 pro km^2) ist demnach verhältnismäßig gering (Nordrhein-Westfalen 506 pro km²).

Spricht man von der Eifel, so meint man in erster Linie die Hohe Eifel, auch Vulkan-Eifel genannt. Die höchsten Erhebungen dort sind die Hohe Acht (747 m), der Ernstberg (701 m), die Nürburg (678 m) und der Hochkegelberg (674 m). Das Gebiet wird begrenzt etwa durch die Städte Adenau, Schleiden, Prüm und Daun. In dem südwestlich, westlich und nordwestlich an die Hohe Eifel angrenzenden, sich entlang der deutschen Grenze hinziehenden Gebiet zwischen den Flüssen Sauer und Our (im Westen), Kyll (im Osten) bis hin zur Mosel (im Süden) liegen die Westeifel und die Schnee-Eifel oder Schneifel. Die höchste Erhebung dort ist der Schwarze Mann (679 m). Daran schließen sich im Norden der Losteiner Wald oder Zitterwald mit dem Weißen Stein (690 m) an und danach folgt nordwestlich das Hohe Venn, das teilweise zu Belgien gehört.

Der Norden der Eifel wird von den Ausläufern des Zitterwaldes – dort liegen die Talsperren der Urft und der Rur, der Kermeter (525 m) und der Flamersheimer Wald – sowie vom Ahrgebirge gebildet. Letzteres verliert sich dann in der Niederrheinischen Tiefebene.

Innerhalb des Rahmens, der vom Rhein zwischen Andernach und Koblenz, der Mosel aufwärts bis Trier, von dort kyllaufwärts bis Gerolstein und von dort entlang der Eisenbahnlinie über Mayen nach Andernach gebildet wird, erstreckt sich das Hochflächenland der Vordereifel auf einer mittleren Höhe von 400–500 m.

Der landschaftlich lieblichste Teil des Eifelgebietes ist das Ahrtal. Bewaldete Bergketten und weite Wiesenflächen wechseln ab. Von Kreuzberg bis Walporzheim fließt die Ahr durch verträumte Täler. Im „Unteren Ahrtal“ von Ahrweiler bis Bad Neuenahr findet man viele kleine Weinorte.

Bodengestalt

Als Ganzes ist dem Mittelbergland Eifel ein vielgestaltiger Charakter eigen, worin sein besonderer Reiz liegt. Das zentrale, auf- und abschwingende Hochland weist Gipfel zwischen 500 m und 600 m und flache Höhenschwellen bis gegen 700 m auf. Der Quarzithärtling Prümscheid steigt 675 m auf, die Vulkanruine der Hohen Acht weist als höchste Erhebung 747 m auf. Durchzogen wird das Gebiet von zahlreichen Flüssen, die in die Mosel bzw. den Rhein münden.

Man unterscheidet in der Eifel vier natürliche Groß-Landschaften:

Die *West-Eifel* (Hohes Venn, Rur-Eifel, westliche Hocheifel, Schnee-Eifel/Schneifel).

Trier-Luxemburger Bucht (Sandstein-Hochflächen, Bitburger Gutland).

Mitteleifel-Senke (Kyllburger Wald-Eifel, Kalk-Eifel, Mecherlicher Vor-Eifel).

Ost-Eifel (nördliche Wald-Eifel, Ahr-Eifel, Rhein-Eifel, östliche Hoch-Eifel, Mosel-Eifel).

Vulkanismus

Die Geologen gliedern die Entwicklung der Eifel in drei größere erdgeschichtliche Zeitabschnitte, die deutlich als eigene, in sich abgeschlossene angesehen werden: die Zeit der Entstehung der Grundgebirge, der Deckgebirge, der Vulkane.

Die untere und älteste Schicht gehört zu einer großen Aufwölbung, die als Kern das Hohe Venn hat. Hier wittern sowohl tiefschwarz glänzender, weicher kristalliner Schiefer als auch harte Quarzite als große Blöcke aus dem Urgrund aus. Im Devon, dem erdgeschichtlichen Altertum, wurde das Eifelmassiv zu einem Gebirgsstock, ähnlich dem der Alpen, zusammengedrückt.

In dem dann folgenden Erdzeitalter (Oberkarbon und Perm) wurde die zuvor hochgefaltete Decke so gut wie ganz abgetragen und geglättet, und es lagerten sich jetzt aus mehreren nach Süden bis an die Alpen vorgedrungenen Meeresüberflutungen in jüngeren Schichten Buntsandstein (nahe Trier bis 300 m mächtig) zumeist als rote aber auch andersfarbige Bänke ab. Muschelkalkformationen sind für diesen Erdzeitabschnitt charakteristisch.

In der dritten und sicherlich reichsten Entwicklungsperiode herrschte lebhafte Vulkantätigkeit in der Eifel, hauptsächlich im Südwesten und Süden. Die Eifel ist Teil eines Vulkangürtels, der sich von hier bis tief nach Böhmen hinzieht. Die Auswirkungen der vulkanischen Eruptionen waren allerdings recht verschieden.

Zwei Gebiete sind typisch für die lebhafte Vulkantätigkeit, die sich im Pleistozän, also schon in der Erdneuzeit (vor 1,5–2 Millionen Jahren), abspielte. Relativ dicht beieinander findet man Spuren dieser Zeit im Laacher Seegebiet und, weiter auseinandergezogen, in dem sich westwärts anschließenden Raum. Die

Gesteinsformen sind ungewöhnlich vielfältig: Phonolithische (Ergußgesteine), gut verfestigte Tuffe (vulkanische Lokkermassen), die sich übrigens als hochwertiges Baumaterial bewährt haben.

Rauhflächige Mühlsteine großer Härte wurden aus dem Lavagestein im Raum von Mayen schon vor der Zeit der technisch begabteren Römer gebrochen und bearbeitet. Bimssteine und Trass (eine Abart weißer Bimssteintuffe) werden seit Römerzeiten gefördert und später zu Zement verarbeitet.

Sehr genau läßt sich heute das Alter der jüngsten Vulkanausbrüche feststellen: In der nacheiszeitlichen Wärmeperiode, vor nicht mehr als 10 000 Jahren.

Während vor 10 000 bis 500 000 Jahren rund 270 aktive Vulkane tobten, findet man heute noch 55 erloschene Vulkane in der Eifel, von denen der größte der Mosenberg (519 m) bei Manderscheid ist.

Charakteristisch für die Südwesteifel sind die Maare, jüngste Bildungen aus der Zeit der Vulkantätigkeit. Man weiß, daß zum Beispiel das Meerfelder Maar bei Manderscheid jünger ist als das auch recht jugendliche am Mosenberg, ebenfalls bei Manderscheid. Mit Hilfe der Pollenanalyse konnte das Alter einiger Maare sehr genau festgestellt werden.

Das Schalkenmehrener Maar bei Daun, der Moosbrucher Weiher und auch der Laacher See entstanden im 10. bis 9. Jahrhundert v. Chr. Dagegen ist wahrscheinlich das Maar von Boos in der Nähe von Mayen die jüngste vulkanische Bildung dieser Art in Deutschland überhaupt (9. bis 8. Jahrhundert v. Chr.).

Aus den rund 500 Mineralquellen, die die Eifel dieser Zeit des Vulkanismus verdankt, sprudeln täglich ca. 200 t Heilwasser ans Tageslicht. Hiervon profitieren vor allem die zahlreichen Kurorte und die einheimische Getränkeindustrie.

Die Maare

Die vorwiegend runden Bergseen in den Kratern erloschener Vulkane geben wie gesagt Zeugnis einer lebhaften Vulkantätigkeit in der Vorzeit. Ringwälle aus vulkanischem Tuff und Sand umkränzen ihre klaren Spiegel. Größter, von schönen waldreichen Höhenzügen umgeben, ist der Laacher See (331 ha, 53 m tief, Inhalt 108 Mio. m^3) mit dem vielbesuchten Kloster Maria Laach. Es folgen das Pulvermaar bei Gillenfeld (36 ha, 74 m tief, Inhalt 14 Mio. m^3), nahebei das Holzmaar (6,8 ha groß, 17 m tief) und das Ulmener Maar beim Ort Ulmen (5,35 ha groß, 37 m tief, zur Uess abfließend). Südöstlich von Daun befinden sich gleich drei kleinere Maare: Schalkenmehrener Maar (21,6 ha, 21 m tief), Weinfelder Maar (16,8 ha, 51 m tief, Abfluß zur Alf) und Gemündener Maar (7,2 ha, 38 m tief). Schließlich gibt es noch zwei besonders reizvolle Kleinmaare in den Kratern des Mosenberges bei Manderscheid: Hinkels Maar und Mosenberger Maar. Früher gab es weit mehr Krater-Bergseen, aber durch den Abfluß ihrer Füllung oder Versickern des Wassers in den Untergrund trockneten sie aus oder wandelten sich zu Sümpfen um.

Gewässer

Die Eifel verfügt über große, sich stets erneuernde Vorräte vorzüglichen Grundwassers. Doch sind die Niederschläge keineswegs gleichmäßig verteilt. So mißt man am Nordwestsaum (Quellgebiete von Rur, Olef und Urft) die beachtliche Niederschlagsmenge von 1200 mm im Jahresmittel. Diese ergibt sich einmal aus der Lage der Gebiete, zum anderen durch die aus westlicher Richtung heranziehenden atlantischen Winde. In den obersten Regionen von Erft und Ahr und dem Einzugsgebiet der in Richtung Mosel fließenden Flüßchen ist der Jahresdurchschnitt mit nur 850 mm um nahezu ein Drittel geringer. Die Wasserscheide der Eifelhochlage (höchster Punkt: Schmidtheim) ist die zwischen Rhein, Mosel und Maas verlaufende Grenze zwischen Nord- und Südeifel. Ein Großteil der Eifelgewässer strömt der Mosel zu.

Die Sauer, deren Ursprung in den belgischen Ardennen liegt, bildet nach Aufnahme der Our (bei Wallendorf) bis zur Vereinigung mit der Mosel die Grenze zwischen dem Bundesgebiet und dem Großherzogtum Luxemburg. Die Our bildet die nördlich anschließende Grenzlinie. Die Prüm kommt aus dem Dreiborner Venn (in der Schnee-Eifel/Schneifel), fließt durch das gleichnamige Städtchen und wird unterhalb von Echternach von der Sauer aufgenommen. Die Kyll (Ursprung im Losheimer Wald) berührt die Orte Kronenburg, Stadtkyll, Jünkerath und macht dann einen Knick nach Westen. Ab Gerolstein verläuft sie über Kyllburg, Philippsheim und mündet bei Ehrang in die Mosel. Die Salm sprudelt beim gleichnamigen Dorf (Kreis Daun) aus Bergeshöhe und mündet bei Klüsserath in die Mosel. Die Alf kommt von Allscheid (Kreis Daun), umgeht in weitem Bogen den Kondelwald, trennt ihn durch ihr tief gefurchtes Felstal von den Moselrandbergen, nimmt noch die Uess (beim Ort Alf) auf und fließt kurz darauf ebenfalls in die Mosel. Die Eller kommt aus dem Cochemer Gebirgsstock und mündet bei Eller in die Mosel. Die Lieser hat bei Beinhauen (Dauner Land) ihren Ursprung, fräste eines der romantischsten Täler ins felsunterbaute Gebirge, nimmt ab Wittlich die Kleine Kyll mit und hat ihre Mündung beim gleichnamigen Ort. Die Endert, mit Ursprung ebenfalls im Cochemer Bergland, mündet schon gleich bei Cochem in die Mosel.

Von weiterher kommt die Elz (Gunderath bei Kelberg), sie strebt, die Hocheifel teilend, ostwärts bis Monreal, knickt dann nach Südosten um und durchbricht im tiefeingeschnittenen Felsental die Hochfläche.

Die Rur (holländisch Roer) hat ihren Ursprung am Osthang des Hohen Venn. Unterhalb von Kalterherberg fräste sie sich in stark gewundenem Lauf tief in das Land ein. Aus dem Süden kommend, nimmt sie erst den Perlbach und später die Urft (verstärkt durch Olef) auf. Richtung Norden fließend, kommt die Kall hinzu. In der Niederung südlich von Jülich wird sie noch verstärkt durch die Inde und die Wurm. Bei Roermond fließt sie in die Maas.

Zu erwähnen sind noch die aus der Westeifel kommenden Flüßchen: Amel (mit Warche und Warchenne) und schließlich die Weser, die noch drei kleinere Zuläufe aus den Vennmooren aufnimmt. Alle zusammen speisen die Ourthe mit Ursprung in den waldreichen belgischen Ardennen.

Dem mächtigen Rhein fließen die folgenden Eifelflüsse zu: Ahr (Quelle in Blankenheim), Brohl, Vinxtbach und Nette.

Talsperren

Die vielen großen Wassersammelspeicher der Nordeifel auf ziemlich engem Raum, allein 17 Talsperren können hier gezählt werden, dienen zum Teil der Energieerzeugung, doch auch der Versorgung von Bevölkerung und Industrie in der stark besiedelten Tiefebene. In diesem Zusammenhang sei erwähnt, daß bereits unter den Römern die erste Gefällewasserleitung der Nordeifel, die bis Köln ging, erbaut wurde.

Dank sorgfältiger Planung entstanden an vielen der Talsperren reizvolle Freizeit- und Erholungsbezirke, die vor allem von den Bewohnern der Ballungsgebiete im Raum um Köln, Bonn und Aachen gern aufgesucht werden. Im Einzugsgebiet der Rur entstanden bis heute allein neun Talsperren. Die Rurtalsperre Schwammenauel ist mit 205 Millionen m^3 die größte der Bundesrepublik.

Die älteste Talsperre Europas, die Gileppe in den belgischen Ardennen, lieferte schon 1878 aus dem Naturwasserspeicher Hohes Venn der Textilindustrie begehrtes Weichwasser. Nach der Erweiterung 1972 faßt sie 12 Millionen m^3.

Im eigentlichen Eifelraum wurde als erstes das Urfttalstaubecken in das waldreiche Bergland eingefügt. Vor seiner 54 m hohen Sperrmauer sammeln sich auf einer Fläche von 260 Hektar 45,5 Millionen m^3 Trinkwasser zur Versorgung der nordwestlichen Eifelniederung. Ein Gefälle von 110 m oberhalb von Heimbach dient der Stromerzeugung.

In Neubelgien (ehemals deutsche Grenzkreise Eupen, Malmedy, St. Vith) entstanden mehrere Talsperren am Westhang des wasserreichen Venn-Hochmoores. Zunehmende Wasserknappheit auf deutscher Seite zwang zur Anlage weiterer Sammelbecken, wie die Dreilägerbach-Talsperre bei Rötgen (2,1 Mio. m^3).

Der Oberlauf der Kall wurde durch einen 6241 m langen Druckstollen in die Dreilägerbach-Talsperre einbezogen. Die Kall erweiterte man dann später zur Talsperre (2,1 Mio. m^3). Hier wie überall bemühte man sich um Erhaltung des Landschaftsbildes.

Der industriell aufstrebende Raum um Düren und Jülich benötigte immer mehr Wasser. Zwei Ausgleichsbecken in der Nordeifel (bei Heimbach) mit zusammen 1,5 Millionen m^3 Inhalt genügten nicht mehr. Der Stausee Obermaubach mit weiteren 1,7 Millionen m^3 reichte ebenfalls nicht aus. Daher wurde die großräumige Rurtalsperre Schwammenauel mit gleich 274 Millionen m^3 vor dem mächtigen, 72 m hohen und 480 m langen Sperrwerk ausgebaut. Hinzu kamen weitere Talsperren: Perlbachtal (0,8 Mio. m^3), Hellenthal/Olef-Oberlauf (20 Mio. m^3).

Im wasserknappen Landkreis Aachen wurde bei Rurberg ein Pumpwerk errichtet, um Wasser aus der Rur in die Kalltalsperre zu leiten.

Zwei kleinere Talstaubecken liegen im Kreis Euskirchen: Es handelt sich um die waldumsäumte Steinbachtalsperre und weiter oberhalb um die Madbachtalsperre. In besonders reizvoller Lage der Nordeifel (oberes Kylltal) entstanden zwei kleinere Stauseen bei Stadtkyll im

Wirfttal mit zusammen 20 000 m^3, wie auch der Kronenburger See (20 ha, zwischen Kronenburg und Stadtkyll).

Inzwischen hat die weniger niederschlagsbegünstigte Hohe und Südeifel ebenfalls Talsperren und Bergseen. Im Tal der Prüm, nahe Biersdorf/Wiesdorf, 12 km nordwestlich von Bitburg, liegt der Freizeitpark Südeifel. Attraktiver Mittelpunkt ist der Stausee Bitburg (2 km lang, 300 m breit, Inhalt 1,5 Mio. m^3).

Eine ungewöhnliche Anlage ist das grenznahe Großpumpspeicherkraftwerk Vianden an der Urft zum Energie-Spitzenausgleich in Europas Verbundnetz. Es besteht aus einem Oberbecken (5,5 Mio. m^3), Unterbecken (Ur-Stausee) und dem unten aus gewachsenem Fels herausgebrochenen Kavernenkraftwerk (Besichtigung möglich).

Klima

Im ganzen gilt das Eifelklima als bekömmliches Reizklima. Meteorologisch wird es als mitteleuropäisch-kontinental bezeichnet mit einem warmen, milden, in den Hochregionen aber oft kühlfeuchten Sommer. Die Winter sind meistens schneereich (vor allem in der Schneifel).

Aachen (mit Hügelland): Mittlere Jahrestemperatur 7,8–9,5 °C. Niederschläge (mittel) 800–900 mm. Temperaturen (mittel) Jan. 8,5–1,9 °C; Juli 16,0–17,0 °C. Mittlere Schneedecke 18–50 cm (in höheren Lagen).

Westeifel (bis 500 m hoch): Mittlere Jahrestemperatur 7,0–8,6 °C. Niederschläge 700–1200 mm. Temperaturen (mittel) Jan. 0–1,5 °C; Juli 14,0–15,0 °C. Mittlere Schneedecke 18–50 cm.

Mitteleifel (auch Wittlich): Mittlere Jahrestemperatur 6,2–7,3 °C. Niederschläge 650–700 mm. Temperatur (mittel) Jan. 0,7–1,5 °C; Juli 15,7–16,3 °C. Schneedecke 7–12 (Hocheifel 40) cm.

Osteifel (auch Mayen): Mittlere Jahrestemperatur 7,5–8,0 °C. Niederschläge 450–600 mm. Temperatur (mittel) Jan. 0,7–1,5 °C.; Juli 15,7–16,3 °C. Schneedecke 7–12 (Hocheifel bis 60) cm.

Flora, Fauna

Typisch für die Eifel sind die großen Wiesen mit Bärenlauch, Schlüsselblumen und Scharbockskraut. An forellenreichen Bächen stehen Schneeglöckchen, Buschwindröschen und Anemonen. Man findet auch den violetten Seidelbast und wilde Orchideen. Auf Moor- und Sandböden duften Heidekraut und Wacholder.

Da ein Drittel der Eifel aus Wald besteht, sieht man hier noch Rot- und Damwild, manchmal auch Mufflons und Schwarzwild in freier Wildbahn.

Unter den Greifvögeln dominiert der Bussard. Manchmal erblickt man den Roten Milan, einen Falken oder einen Habicht. Selten ist dagegen im Eifelgebiet der Uhu.

Bevölkerung

In der Steinzeit war die Eifel, vor allem an ihren weniger kargen Randzonen, bereits besiedelt. Die Menschen hausten in Höhlen.

In der Südeifel waren ursprünglich einmal keltische Treverer ansässig, im Norden Eburonen und im Osten germanische Ubier. Den abrückenden Römern, die das Land kurz vor der Zeitenwende besetzt hatten und rund 4 Jh. dort geblieben waren, folgten wieder germanische Franken (Ende des 5. Jhs.), die nach ihrem Sieg über die Alemannen (Schlacht bei Zülpich 496) diese nach Süden vertrieben. Dem vorbildlichen Verwaltungsapparat der römischen Besatzer, gestützt auf deren diszipliniertes Militär, verdankte die Eifel lange Zeit Ordnung und Frieden, so lange, wie sie später nie mehr andauern sollten.

Im Laufe der Jahrhunderte folgten den Heeresscharen jeweils Kaufleute, Handwerker, Baumeister, Künstler. Ihren ersten wirtschaftlichen Aufstieg erlebte die Eifel während der Zeit der Zugehörigkeit zum römischen Weltreich: Eisen-, Blei-, Ton- und Steinindustrie, Kalköfen und Ziegeleien kamen auf, Steinhäuser ersetzten die bisherigen aus Holz. Die Bevölkerung erlernte den Anbau von Wein, Obst und Feldfrüchten. In Köln entstand eine Glasindustrie, Trier exportierte kunstvolle Keramiken *(Terra sigillata)*. Während der Römerzeit kam das Christentum. Die Garnison und die Stadt Köln wurden über den als technisches Meisterwerk gerühmten 87 km langen Gefällekanal mit Eifelwasser versorgt. Zahlreiche Südländer, auch pensionierte Legionäre, wurden seßhaft und gründeten hier Familien. Daher findet man häufig, vor allem in den klimatisch günstigeren, dichter besiedelten Randzonen der Eifel, Menschen mit ausgesprochen südländischem Einschlag. Jedenfalls sind die Eifeler durchweg kaum noch so blond, hellhäutig und helläugig wie ihre Vorfahren vor 2000 Jahren.

Sprache

Viele heute in der Eifel gebrauchte Wörter sind römischen Ursprungs. Im *flabes,* mehr eine Art Schimpfwort, steckt flavus, der Blonde. Es bezieht sich auf die auffallend helle Haarfarbe der germanisch-keltischen Urbevölkerung, die das römische Militär vorfand. Im Laufe der Zeit wurden mancherlei Wörter und technische Begriffe der weit fortschrittlerischen Südländer übernommen. Ziegel kommt aus lateinisch *tegula,* Mauer aus *murus.* Der *Vinxt-Bach* (nahe Rheinbrohl im Rhein) war die natürliche Trennlinie zwischen den römischen Provinzen Nieder- und Obergermanien. (In *Vinxt* steckt das lateinische *finis* = Grenze.) Die Kiepe leitet sich vom lat. cupa = Kufe, Gefäß ab.

Neben lateinischen Wörtern findet man auch noch Ausdrücke, die keltischen oder germanischen Ursprungs sind. Auch die Romanisierung im Gefolge der politischen Entwicklung im 16. und 17. Jh. hinterließ Spuren in der Sprache. So stammt Hott (Rückenkorb) von dem französischen La hotte. Die verschiedenen Sprachelemente entwickelten sich zu einer eigenen Mundart. Beispiel: Auf einem Eifler Notgeldschein (1921) sind drei bärtige Alte abgebildet. Der Tonkrug vor ihnen enthält Schabau. Darunter die Mahnung: „Branntewing, dau ludrig Kraut, hos su manigen en den Dreck gedaut" („Branntwein, du luderhaftes Kraut, hast so manchen in den Dreck gestaucht").

Siedlungsformen

Die Landnahme durch die Franken gegen Ende des 5. Jhs. brachte einen tiefgreifenden Strukturwandel. Die Römer legten ihre großen Gutsbezirke in den höheren Regionen wie z. B. Otrang bei Bitburg an. Die Germanen siedelten dagegen bevorzugt an Gebirgsrändern, in Tälern mit Weiden. Als Viehzüchter bewohnten sie Fachwerkhöfe.

Im Verlauf der Christianisierung entstanden machtvolle Klöster, deren Mönche das Land im Laufe der Jh. erst urbar machten. Es entwickelte sich dann aber nur ein sehr ärmlicher Bauernstand. Noch zwischen den beiden Weltkriegen lebten die Eifelbauern in überaus bescheidenen Verhältnissen.

Im Zeichen der fortschreitenden Industrialisierung ziehen heute viele junge Leute der Landwirtschaft die Arbeit in den Fabriken vor und pendeln zwischen ihrem Dorf und der Stadt.

Wirtschaft

Noch zu Beginn unseres Jahrhunderts gehörte das Eifeler Land zu den ärmsten Gebieten Deutschlands. Dies galt vor allem für die zentrale Hoch- und die Westeifel.

Wirtschaft, Gewerbe und mancherlei Industriezweige (Bergbau) konnten sich in der Eifel unter der Römerherrschaft unvergleichlich günstiger entwickeln als im unbesetzten Germanien östlich des Rheins. Mittelalter und Neuzeit brachten Rückschritt. Die Siedlungsdichte der Römerzeit mit angeblich 40 bis 90 Einwohner je Quadratkilometer wurde erst im 19. Jahrhundert (Preußenzeit) wieder erreicht! Die Eifeler Landwirtschaft galt bis in jüngste Vergangenheit als rückständig. Noch vor drei und vier Jahrzehnten war hier echtes Notstandsgebiet (wie die Rhön). Bedingt durch die schlechte wirtschaftliche Lage, wanderten viele Menschen ab.

Strukturfördernde Maßnahmen gaben den Menschen dieses Mittelgebirges die Chance, ihr Zivilisations- und Einkommensniveau dem der industriellen Ballungsräume anzupassen. Mittlere Gewerbe- und Industriebetriebe wurden z. B. in den Außenbereichen der Städte Wittlich und Mayen angesiedelt. Hinzu kommt in den letzten Jahren ein zunehmender Fremdenverkehr, verbunden mit einem regen Ausbau der Erholungs-(Freizeit)-Gebiete.

Brauchtum

Jahrmärkte und Volksfeste kommen wieder auf. Sie werden sowohl von Fremden als auch von den Eifelbewohnern besucht. Weit über seine Grenzen hinaus bekannt, lockt allsommerlich (im August) die berühmte Wittlicher Säubrennerkirmes viele Besucher in das alte Städtchen am Südsaum der Eifel. Auf dem Marktplatz werden nach alter Überlieferung ganze Schweine am Spieß geröstet.

In vielen Eifelgemeinden werden an besonderen Festtagen heute noch Trachten getragen.

Spezialitäten

Zu den beliebtesten Spezialitäten gehört naturgeräucherter Schinken oder Speck auf Holzofen- und Schwarzbrot. Dazu trinkt man Eifeler Bier, einen Enzian- oder Kräuterschnaps oder natürlich einen Mosel- oder Ahrwein. Und wer's süß liebt, dem seien vor allem die bekannten „Aachener Printen" empfohlen.

Kunst und Kultur

Kunst brachten erstmals die Römer ins Eifelland (was u. a. überall in Museen, selbst in denen kleinerer Orte, durch eine Fülle archäologischer Funde bewiesen wird). Unter den Karolingern, Ottonen und Saliern wurde die Verbindung von Frankfurt über Sinzig-Nordeifel zum Krönungsort Aachen als Königsstraße ausgebaut. An dieser Straße konnten Wirtschaft und Kultur sich entwickeln.

Weit nachhaltiger und beständiger war jedoch nach der Römerzeit die vielhundertjährige geistig-kulturelle Ausstrahlung der Abteien und Klöster. Die Karolingerperiode (750–900) gilt als die große Zeit der Eifel. Nach der Unterwerfung Sachsens durch Karl den Großen (742–814) rückt dieses Gebiet ab Beginn des 9. Jhs. in den Reichsmittelpunkt. Damals wird die 721 gegründete Benediktiner-Abtei Prüm mit reichen Stiftungen versehen und zum Familienkloster der Karolinger erhoben. Kaiser Lothar I. trat 855 als Mönch ein, starb aber kurz darauf und wurde in der Kirche beigesetzt.

Vor Prüm hatte der hl. Willibrord schon die Benediktiner-Abtei Echternach gegründet (698). Hinzu kamen weitere Klöster, dank großzügiger Stiftungen seitens der Großen des Reiches: Stavelot-Malmedy, Kornelimünster, Münstereifel, außer den bereits erwähnten Benediktiner-Niederlassungen. Diese Klöster bestimmten auch nicht unwesentlich das politische Geschehen im Eifelraum. 1093 entsteht die Abtei Maria Laach, nach 1102 Springiersbach (heute schönster Barockbau der Eifel), 1138 das Zisterzienserkloster Himmerod. Prämonstratenser gründeten um 920 Steinfeld, das als besterhaltene mittelalterliche Abtei Westdeutschlands gilt. St. Thomas (a. d. Kyll) mit frühgotischer Kirche aus 1222 war ursprünglich eine adelige Frauenabtei.

Ihrer Zeit entsprechend, entstanden die meisten Klosterkirchen im romanischen Stil. Ein klassisches Beispiel für diese Stilepoche ist die Klosterkirche Maria Laach. Einige der Abteikirchen wurden durch Kriege oder Brände zerstört, beim Wiederaufbau gingen dann die ursprünglichen Baumerkmale teilweise verloren. So kann man an manchen „typisch gotischen" Kirchen erkennen, daß sie zur Zeit des Barock umgebaut wurden.

Die 1134 vom hl. Bernhard v. Clairvaux gegründete Zisterzienserabtei Himmerod besaß als Nachfolgerin einer romanischen Kirche die damals bedeutendste Barockkirche des Rheinlands (erbaut 1735–51). Nach dem Zweiten Weltkrieg wurde diese nach den Barock-Plänen wiederaufgebaut.

Die reichen Klosterbezirke genossen hohes Ansehen (Kornelimünster 1000 Jahre Kaiserliche Reichsabtei). Sie erweiterten ständig ihren Besitz und verfügten über starken Einfluß. Die gelehrten Mönche stärkten das in der ausgehenden Römerzeit immer noch recht schwach verbreitete Christentum im weiten Land. Sie unterrichteten in Schulen und waren auch in der Landwirtschaft tätig. Nach den

Römisches Relief

Reichsteilungen unter den Nachfolgern der Karolinger erfolgte eine Einteilung in Gaugrafschaften. Der Einfluß dieser Institutionen schwand aber bald, und da eine einheitliche Zentralgewalt fehlte, kamen zwischen dem 11. und 15. Jh. kleine und kleinste Herrschaften auf. Zwischen dem 11. und 13. Jh. zählte man in der Eifel nicht weniger als 140 derartige Zwergterritorien. Jeder der dort lebenden Edelherren – Ritter und Grafen – baute sich seine wehrhafte Stammburg, wasserumgürtet in Talauen, als Gipfelburgen auf Berggraten. Solange es keine Kanonen gab, waren diese stolzen Befestigungsanlagen uneinnehmbar. Später wurden sie, wenn die finanziellen Mittel dazu vorhanden waren, verstärkt. Diese Burgen waren durchwegs recht unwohnlich, keineswegs so komfortabel wie römische „villae rusticae".

Nur wenigen Adelsgeschlechtern gelang es, aus territorialer Enge und bescheidenen materiellen Verhältnissen herauszukommen, Herren über größere Areale zu werden oder hohe Titel (als Reichsgrafen, Herzöge, Fürsten, z. B. die Arenberger) zu erlangen. Abgesehen von den

Reichsgrafen Manderscheid und Blankenheim, konnten sich diese Edelleute keine bedeutenden Künstler für ihre Bauwerke leisten.

Dagegen waren die großen vier am Rande der Eifel gelegenen Zentren, die beiden weltlichen Herzogtümer Luxemburg und Jülich und die beiden erzbischöflichen Kurstaaten Trier und Köln bestrebt, sich Territorialbereiche, Hochstifte und selbständige Abteien untertan zu machen, um die eigene Macht auszuweiten. Nicht anders handelten die Großabteien. Prüm nennt in den Annalen von 1222 allein 22 Grafen und Edelherren als ihre Vasallen und Lehensträger.

Eifeler Freilichtmuseum

Die Burgen wurden oft genug gestürmt, geschleift und wieder aufgebaut. Endgültig vom Untergang bedroht waren diese einst wehrhaften Stammsitze erstmals durch Ludwig XIV. von Frankreich zum Ende des 17. Jhs. (Pfalzkrieg von 1688–1697), und ein Jh. später während der französischen Revolutionskriege. Sie fegte die Kurstaaten und alle Splitterterritorien mit einem Schlag fort, eine neue Zeit begann für die Eifel.

Mitte des vorigen Jhs. wurde in den historischen Werken „Eiflia Illustrata" (Schannat-Bärsch) und „Eiflia sacra" (C. Schorn) die Geschichte der Geschlechter, der Abteien und geistlichen Stiftungen der Eifel vorbildlich für die Eifeler Geschichtsforschung dargestellt. Clara Viebig (geb. in Trier 1860, gestorben in Berlin 1952) führte die Eifel in die deutsche schöngeistige Literatur ein. Sie verstand es, in ihren Novellen die herbschöne, urtümliche Landschaft mit ihren Menschen lebendig darzustellen. Josef Ponten, Ludwig Mathar, Heinrich Josef Feiten, Ruland, alle selbst Eifeler, machten in ihren Werken um die Wende zu unserem Jahrhundert die Eifel bekannt. Peter Zirbes (1825 bis 1901, in Niederkall geboren und gestorben) gilt als Vater der Eifeler Dialektdichtung. Schließlich schrieb der Heimatdichter Jakob Kneip (1881–1958) einige Romane, denen die Eifel Hintergrund und Rahmen gibt.

Unter den Malern, denen die Nachwelt Eifelmotive verdankt, gibt es nicht viele, denen die herb-schöne Landschaft Anregung gab. Als bekanntester gilt Fritz von Wille.

In zahlreichen Museen werden die wirtschaftlichen, historischen und kulturellen Besonderheiten dieses Landschaftsraumes lebensnah dargestellt.

Als überregionale Museen sollen an dieser Stelle angeführt werden:

**Rheinisches Freilichtmuseum* in Mechernich-Kommern. Zeigt originalgetreu wiederaufgebaute Bauernhäuser, Wind- und Wassermühlen, Handwerksbetriebe etc. auf einem über 100 ha großen Museumsgelände; Öffnungszeit: 1.4.–31.10. 9 bis 18 Uhr, 1.11.–31.3. 10–16 Uhr.

**Eifelmuseum* in der Genovevaburg von Mayen. Stellt Bodenfunde von der älteren Steinzeit bis zur Frankenzeit aus, sowie Gewerbe- und Kunsterzeugnisse vom Mittelalter bis zur Neuzeit (alte Wohn- und Handwerksstuben, Trachten etc.).

**Suermondt-Museum* in Aachen, Wilhelmstr. Skulpturen, Keramik, Textilien (800 v. Chr. bis ca. 700 n. Chr.) aus Ägypten, Griechenland und Rom; Skulpturen, Schatzkunst, Tafelbilder, Glasfenster aus dem Mittelalter; alte und moderne Malerei; Glasfenster der Gegenwart und moderne Goldschmiedekunst.

**Couven-Museum* in Aachen, Hühnermarkt 17. Wohnkultur von 1740 bis 1840 im Aachen-Lütticher Raum. Außerdem wurde eine Apotheke aus dem Jahr 1788 rekonstruiert.

Internationales Zeitungs-Museum, Aachen, Pontstr. 13. Enthält über 120 000 Zeitungen in verschiedensten Sprachen und aus allen Zeiten.

Leopold-Hoesch-Museum in Düren (Volksbildungshaus). Zeigt Gemälde, Aquarelle und Graphiken des 19. und 20. Jhs. sowie eine vor- und frühgeschichtliche und eine papiergeschichtliche Sammlung mit Wasserzeichenarchiv.

In vielen Eifelorten gibt es kleinere Heimatmuseen.

Auch Kirchen, Abteien, Klöster, Burgen und Bürgerhäuser bergen eine Fülle sakraler und profaner Kunstgegenstände.

Geschichtlicher Überblick

Schon im Paläolithikum wurde die Eifel von Neandertalern bewohnt. Die Höhlenwohnungen dieser ersten Menschen findet man in den Kalkgebieten um Gerolstein und in der Genovevahöhle im Sandsteingebiet bei Kordel. Bei Ausgrabungen in der Kakushöhle bei Eiserfey fand man in sieben verschiedenen Kulturschichten Steinwerkzeuge, Knochenreste eines Mammuts und Tonscherben.

5000–2000 v. Chr. In der Jungsteinzeit sind die Randstreifen der Eifel bereits besiedelt, das Gebirgsmassiv ist noch unbesiedelt.

2000–1000 v. Chr. Während der Bronzezeit bleibt das Siedlungsbild unverändert.

500 v. Chr. Eine dichtere Besiedlung im abflachenden Saum der Eifelgebirge beginnt. Die Bewohner dringen allmählich in die höheren Lagen vor.

50 v.–400 n. Chr. In der Römerzeit ist die Nordeifel Lebensraum germanischer Eburonen, denen die Ubier folgen. Die Südeifel wird von keltischen Treverern (mit leicht germanischem Einschlag) bewohnt. Im Bereich des späteren Prüm sind germanische Caerosi ansässig. Kaiser Tiberius bestimmt 11 n. Chr. den Rhein zur Ostgrenze des Römischen Reiches. Die Eifel (röm.: Eiflia) wird auf Jahrhunderte Grenzmark des römischen Imperiums. Trier (lat.: Augusta Treverorum) erhält die wichtige Rolle als Hauptplatz für die Etappe der Rheinfront. Später, im 3. und 4. Jh., wird die Stadt Residenz für fünf Kaiser. Die Römer bauen die vorzügliche, wetterunabhängige, heute noch vielerorts gut erkennbare Reichsheerstraße Trier–Köln (röm.: Colonia Claudia Ara Agrippinensis) als Fortsetzung der Magistrale Reims –Trier. Im Eifelraum kommen Stichstraßen hinzu: nach Zülpich und nach Rheinbach–Bonn. Die Straße Reims–St. Vith –Gemünd–Zülpich kreuzt die Nordeifel. Viele Herbergen, Poststationen, Militärposten und -standlager entstehen, aus denen sich später heute noch bestehende Orte entwickelten. Zahlreiche römische Siedlungen sind überall in Hocheifel und Vorlanden nachweisbar, darunter ansehnliche Gutshöfe und komfortable Villen. Die Eifel, politisch zwar eine Einheit, gehört verwaltungsrechtlich zu drei römischen Provinzen: Nordeifel (Hauptplatz Köln) zu Niedergermanien; Südeifel (Metropole Trier) zur Provinz Belgica. Das zum Mittelrhein hin offene Maifelder Land kommt zu Obergermanien (Hauptstadt Mainz, lat.: *Moguntiacum*). Rund vier Jh. bleibt die Eifel römisch, blüht und gedeiht und erfreut sich in diesem langen Zeitraum fast völlig ungestört friedlicher Entwicklung.

400–925 n. Chr. Das Frühmittelalter ist die Zeit der Franken und Karolinger. Rom räumt vor den eindringenden Franken nach und nach alles Land westlich des Rheins. Gegen Ende des 5. Jhs. (Schlacht bei Zülpich 496) zwingen die Franken die Alemannen, südwärts abzuziehen. Im Gegensatz zu den Einzelgehöften der Römer legen die Franken in wasserreichen Eifeltälern Weiler und Dörfer an. Das gleichmäßig zu Rhein, Mosel, Maas ausgerichtete Eifel-Hochplateau heißt nunmehr Eifelgau. Zwischen dem 6. und 8. Jh. findet das Christentum, vorwiegend über bedeutende Klostersiedlungen der Benediktiner, Eingang in die Eifel. Die Karolingerin Bertrada (Großmutter der Gemahlin Pippins) gründet 721 die Abtei Prüm, Ludwig der Fromme stiftet das Kloster in Kornelimünster. Von Prüm aus wird 830 als Monasterium im Eifelgau Münstereifel gegründet. Die Mönche, sozusagen Erben der Antike, vermitteln nicht nur hohes kulturelles Leben, sondern erschließen, wirtschaftlich überaus geschickt, große Landstriche. Zu Prüm gehören im 9. Jh. ungefähr 12500 Hektar Land. Die Kirche wird zu einem großen Machtfaktor; die Eifel wird in die Erzbistümer Köln und Trier aufgeteilt, deren Erzbischöfe auch machtvolle weltliche Machthaber sind. So erweitert sich Trier über das den Mainzern entzogene Maifeld zum Mittelrhein hin.

Die Zeit der Karolinger ist für die Eifel ein besonders markanter Abschnitt. Karl der Große zieht gern aus seinem Lieblingsregierungssitz Aachen in das wald- und wildreiche Bergland. Während der Regierungszeit seines Sohnes Ludwig wird das Frankenreich geteilt. Im Ostfränkischen Reich sind die germanischen Volksstämme vereint, im Westfränkischen Reich die romanischen.

Nach den Verträgen von Mersen (870) und Ribemont (880) kommt die Eifel – nach kurzem, westfränkischem Zwischenstadium (911–925) – 925 endgültig zum Ostfränkischen Reich. Das Land wird gleich zu Beginn (925) Teil des Deutschen Reiches und bleibt, abgesehen von der Franzosenzeit (1794–1814), bis auf den heutigen Tag deutsch.

Bis 1500. Gegen Mitte des 10. Jhs. ist die Eifel wieder wie zur Zeit der römischen Provinzgrenzen geteilt. Der Süden zählt zum Kurstaat (Erzbistum) Trier, der Norden zum Kurstaat (Erzbistum) Köln.

In den ursprünglich lothringischen Gauen kommen, nach Auflassen des Herzogsamtes, Grafschaften auf; innerhalb dieser entstehen die Edelherrenbereiche, die sich der allgemeinen Gerichtsbarkeit

Stadtsiegel um 1150, Karlspreisplakette

nicht unterstellen. Jede, selbst kleinste Herrschaften erbauen für die damalige Zeit gut bewehrte, dank wohlgewählter Berglagen uneinnehmbare Burgen. Vom 11. bis zum 13. Jh. entstehen nachweislich rund 140 Burgen (rund 190 Burgen bzw. Burgruinen zählt man heute im Gebiet der Eifel), von denen jedoch kaum eine vollständig erhalten blieb. Im schwer zugänglichen Eifelland kann sich daher auch der kleine Adelsmann halten. Unter der Vielzahl weltlicher Herrschaften ragen einige heraus: Manderscheid-Blankenheim, Aremberg, Gerolstein, Reifferscheid, Daun, Jülich. Das gräflich Manderscheidsche Territorium wird – mit 12 Einzelherrschaften und 96 Lehnshöfen – zeitweise zum einflußreichsten unter ihnen. Auch auf kulturellem Gebiet spielten die Grafen von Manderscheid eine beachtliche Rolle; sie förderten Kunst und Wissenschaft. Der Reichsgraf Hermann (Linie Manderscheid-Blankenheim, 2. Hälfte 16. Jh.) schuf zum Beispiel die berühmte Blankenheimer Bibliothek.

Seit dem 13. Jahrhundert nehmen vier Großterritorien im Randbereich – zwei kirchliche, zwei weltliche – Einfluß auf den zwischen ihnen liegenden Eifelraum: im Norden Kurköln und Jülich, im Süden Kurtrier und Luxemburg. Ab dem 15. Jh. beginnt in der Nordwesteifel, begünstigt durch Bodenschätze (Eisenerz) und reichlich vorhandene Wasserkräfte, eine industrielle Entwicklung.

16.–18. Jahrhundert. In der Neuzeit wird aus der Eifel ein regelrechtes Durchzugsland, dessen Bewohner von Kriegen, Hungersnöten und Seuchen heimgesucht werden. Franzosen, Schweden und Niederländer, Lothringer und Spanier ziehen plündernd durch das Land. Die Eifel verarmt total. Schließlich werden unter dem französischen König Ludwig XIV. alle Burgen und Schlösser bis auf wenige Ausnahmen (u. a. Eltz, Bürresheim) zerstört.

1794–1814. Als Folge der französischen Invasion brechen sämtliche Feudalherrschaften der Eifel zusammen. Es gibt nur noch fünf französische Departements. Alle Kirchengüter, 80 Abteien und Klöster werden aufgelöst oder zugunsten des Staates versteigert. Nach dem Zusammenbruch Frankreichs erfolgt die Übergabe der Eifel an Preußen; jedoch wird der französische „Code Civil" beibehalten.

1815–1870. Der wirtschaftliche Aufschwung wird von Preußen gefördert (z. B. die Landwirtschaft), das Land durch ein gutes Straßennetz erschlossen. In dieser Zeit werden ungefähr 80 000 Hektar Wald wieder aufgeforstet. Hingegen geht die industrielle Entwicklung spürbar zurück, da die bislang bei der Eisenverarbeitung verwendete Holzkohle durch die Steinkohle verdrängt wird. 1871 wird die Eisenbahnstrecke Köln–Trier eröffnet.

1870–1945. Dreimal wird die Eifel militärisches Aufmarschgebiet (1870–71, 1914–18, 1939–45). Nach 1918 gehen die drei Ardennenkreise Eupen, Malmedy und St. Vith an Belgien. Zwischen 1944 und 1945 ist die Westeifel Kriegsschauplatz; einige Ortschaften werden sehr stark zerstört.

Nach 1945. Die Kapitulation der Deutschen Wehrmacht und das Ende des Dritten Reiches bedeuten für die Eifel das Ende als preußische Provinz. Die Nordeifel kommt zu Nordrhein-Westfalen, die Hohe Eifel und die Südeifel werden dem Bundesland Rheinland-Pfalz zugeteilt.

Ferien in der Eifel

Verkehrsverbindungen

Ein gut ausgebautes Straßennetz erschließt praktisch jeden noch so entlegenen Winkel des verzweigten Eifellandes. Auch die Eisenbahn sowie zahlreiche Bahnbus- und Kraftpostlinien bringen den Reisenden problemlos zum Ziel. Entsprechende Zielbahnhöfe des Eisenbahn-Fernverkehrs sind Aachen, Köln, Bonn, Koblenz und Trier, aber auch Düren, Remagen und Andernach. Im Städtetouren- bzw. Touristik-Pauschal-Programm der Deutschen Bundesbahn sind die Städte Aachen und Bad Neuenahr-Ahrweiler enthalten.

Auskünfte und Kartenmaterial

Informationsmaterial über Unterkunfts-, Kur-, Wander- und Hobbymöglichkeiten erhält man kostenlos von den örtlichen Verkehrsvereinen sowie vom *Fremdenverkehrsverband Rheinland-Pfalz,* Löhrstr. 103–105, 5400 Koblenz, Tel. 02 61/3 10 79;

Landesverkehrsverband Rheinland, Postfach 200861, Rheinallee 69, 5300 Bonn 2 (Bad Godesberg), Tel. 02 28/36 29 21;

Eifelverein, Hauptgeschäftsstelle, Postfach 646, Stürtzstr. 2–6, 5160 Düren, Tel. 0 24 21/1 31 21;

Verein Naturpark Nordeifel, Theaterplatz 14, 5100 Aachen, Tel. 02 41/6 30 01;

Vereinigung Deutsch-Luxemburgischer Naturpark, Naturpark Südeifel, Rathaus, 5521 Irrel, Tel. 0 65 25/8 46. Wanderkarten für die Umgebung geben die meisten Kur- und Fremdenverkehrsorte sowie für das Gesamtgebiet der Eifelverein und das *Landesvermessungsamt Nordrhein-Westfalen,* Muffendorfer Str. 19, 5300 Bonn 2 (Bad Godesberg). Tel. 02 28/33 10 41, und das *Landesvermessungsamt Rheinland-Pfalz,* Ferdinand-Sauerbruch-Str. 15, 5400 Koblenz, Tel. 02 61/4 92, heraus.

Reisezeit

Ferien in der Eifel verbringt man am besten im Sommer, erholsam ist jedoch zweifellos auch das frischere Klima im Frühjahr und im Herbst. Selbst im Winter ist die kräftige Eifelluft sehr gesundheitsfördernd. Das Ahrtal bereist man von vornherein am angenehmsten im Frühjahr und im Herbst, da es im Sommer dort oft sehr heiß ist. Grüne oder gar bunte Weinberge gibt es jedoch im Frühling noch nicht zu sehen. Die Rebstöcke sind zu dieser Zeit noch unbelaubt.

Unterkünfte, Camping, Herbergen

Neben einem großen Angebot an Hotels, Gasthäusern und Pensionen, das jedem Anspruch gerecht wird, entstanden in der letzten Zeit neue Feriendörfer in landschaftlich besonders schönen Gegenden. Sie verfügen außer dem üblichen Freizeitangebot auch über Camping- und Grillplätze. Es gibt auch eine Reihe von Schlössern und Burgen, in denen Hotels eingerichtet wurden, so zum Beispiel die Schlösser Friesenrath (bei Aachen), Augustusburg (in Brühl), das Burghaus in Dahlem, das Kurfürstliche Amtshaus (in Daun) sowie die Burgen Heimbach, Hausen (in Heimbach) und Nideggen.

Campingplätze im Bereich der Eifel gibt es in Altenahr (4), Bad Aachen, Bad Breisig (2), Bad Münstereifel, Bad Münstereifel-Ohlerath, Bad Neuenahr-Ahrweiler, Blankenheim, Blankenheim-Ahrdorf, Bollendorf, Dahlem, Dasburg, Düren, Echternacherbrück, Gillenfeld (2), Heimbach (3), Heimbach-Hausen (2), Heimbach-Blens, Heimbach-Hasenfeld (2), Heimbach-Schwammenauel, Hellenthal, Hellenthal-Dickerscheid, Hellenthal-Oberpreth, Irrel (2), Irrhausen, Körperich, Kyllburg, Manderscheid, Maria Laach, Monschau-Imgenbroich, Monschau-Perlenau, Neuerburg, Nideggen-Abenden, Nideggen-Brück (2), Oberweis, Ormont, Prüm, Ralingen, Roetgen, Roth a. d. Our, Schleiden, Schleiden-Weyermühle, Schleiden-Schafbachmühle, Simmerath, Simmerath-Hammer, Simmerath-Rurberg, Simmerath-Woffelsbach, Ulmen, Waxweiler, Wittlich.

Nähere Informationen über die Campingplätze in der Eifel geben die vom ADAC (Band 2) und DCC (Deutscher Campingclub) herausgegebenen Campingführer, sowie die örtlichen Informationsbüros und die Landesverkehrsverbände Rheinland und Rheinland-Pfalz.

Jugendherbergen

5100 Aachen, Colynshof, Maria-Theresia-Allee 260, Tel. (02 41) 7 11 01; *5431 Altenahr,* Langfigtal 8, Tel. (0 26 43)

18 80; *5378 Blankenheim,* Jugendburg, Burgstraße 1, Tel. (0 24 49) 10 79; *5521 Bollendorf,* Jugendherbergsstraße 1, Tel. (0 65 26) 200; *5377 Dahlem,* Kronenburg-Baasem; *5568 Daun,* Am Dreesberg, Tel. (0 65 92) 28 84; *5530 Gerolstein,* Waldstr., Tel. (0 65 91) 47 45; *5562 Manderscheid,* Mosenbergstraße 17, Tel. (0 65 72) 5 57; *5440 Mayen,* Am Knüppchen, Tel. (0 26 51) 23 55; *5442 Mendig,* Naturfreundehaus, Laacher-See-Straße 17, Tel. (0 26 52) 47 77; *5108 Monschau,* Jugendburg, Auf dem Schloß 4, Tel. (0 24 72) 23 14; *5108 Monschau-Hargard,* Hargardsgasse 5, Tel. (0 24 72) 21 80; *5358 Bad Münstereifel-Rodert,* Herbergsweg 1–5, Tel. (0 22 53) 74 38; *5483 Bad Neuenahr-Ahrweiler,* Peter-Friedhofen-Straße 2, Tel. (0 26 41) 3 49 24; *5528 Neuerburg* (in der Burg); *5168 Nideggen,* Rather Weg 27, Tel. (0 24 27) 2 26; *5540 Prüm,* Pferdemarkt, Tel. (0 65 51) 25 00.

Ausländische Staatsbürger benötigen den internationalen Jugendherbergsausweis. Weitere Auskünfte erteilen die örtlichen Fremdenverkehrsbüros, die Landesverbände Rheinland und Rheinland-Pfalz (Anschriften s. S. 13), sowie das Deutsche Jugendherbergswerk (DJH), Bülowstr. 26, 4930 Detmold 1, Tel. (0 52 31) 3 10 91.

Tennis

Der „weiße Sport" zählt wie überall auch im Bereich der Eifel viele Freunde. Gelegenheit zum Tennis bieten *Bad Aachen,* 6 Tennisplätze; *Adenau; Bad Bertrich,* Tennishalle; *Bad Breisig,* Tennisplätze; *Bad Münstereifel,* 3 Tennisplätze; *Bad Neuenahr-Ahrweiler,* 12 Tennisplätze, Tennishalle; *Biersdorf,* Tennisplätze; *Bitburg,* Tennisplätze; *Bollendorf,* Tennisplätze; *Brühl,* 9 Tennisplätze, 1 Tennishalle; *Daun,* Tennisplätze; *Düren,* 2 Tennisplätze; *Eisenschmitt-Eichelhütte,* Tennisplatz; *Erftstadt-Liblar,* Tennishalle; *Euskirchen,* Tennisplatz; *Gerolstein,* Tennisplätze; *Heimbach,* 2 Tennisplätze; *Hillesheim,* Tennisplätze; *Jünkerath,* Tennisplatz; *Koblenz,* Tennisplätze, Tennishalle; *Lissendorf-Ferienhausgebiet,* Tennisplätze; *Mayen,* Tennisplätze; *Manderscheid,* Tennisplätze; *Mechernich-Kommern,* Tennisplatz, Tennishalle; *Mehren,* Tennisplatz; *Mendig,* 4 Tennisplätze, 1 Tennishalle; *Monschau-Perlenau,* Tennisplatz; *Nideggen-Abenden,* Tennisplatz; *Nideggen-Rath,* Tennisplatz; *Prüm,* Tennisplätze; *Rech,* 1 Tennisplatz; *Schleiden-Gemünd,* Tennisplatz; *Simmerath,* 3 Tennisplätze; *Sinzig-Bad Bodendorf,* Tennisplätze, Tennishalle; *Sinspelt,* Tennisplatz; *Trier,* Tennisplätze; *Wittlich,* Tennisplätze; *Zülpich,* 3 Tennisplätze, 1 Tennishalle.

Pferdesport

Möglichkeiten, ausgedehnte Wanderungen zu Pferde durch die abwechslungsreiche Eifel-Landschaft zu unternehmen, werden geboten in

Altenahr, Ausritte; *Andernach,* Reithalle, Ausritte; *Auderath,* Reithalle, Ausritte; *Bad Aachen,* 3 Reithallen, Ausritte; *Bad Breisig,* Reithalle; *Bad Münstereifel,* Ausritte; *Bad Münstereifel-Schönau,* Ausritte; *Bad Münstereifel-Rupperath,* Reithalle, Ausritte; *Bad Münstereifel-Maulbach,* Reithalle; *Bad Münstereifel-Eschweiler,* Ausritte; *Baustert,* Ausritte; *Bitburg-Hungerburg,* Reithalle, Ausritte; *Blankenheim,* Reithalle, Ausritte; *Bollendorf,* Ausritte; *Brühl-Badorf,* Reithalle, Ausritte; *Dahlem-Frauenkron,* Reithalle, Ausritte; *Daun,* Reithalle; *Düren,* Reithalle, Ausritte; *Erftstadt-Blessem,* Reithalle, Ausritte; *Erftstadt-Bliesheim,* Reithalle, Ausritte; *Erftstadt-Niederberg,* Reithalle, Ausritte; *Erftstadt-Friesheim,* Ausritte; *Erftstadt-Lechenich,* Ausritte; *Euskirchen-Stotzheim,* Reithalle, Ausritte; *Gerolstein,* Reithalle, Ausritte; *Gondenbrett,* Ausritte; *Heimbach,* Reithalle, Ausritte; *Heimbach-Hergarten,* Ausritte; *Hürtgenwald-Brandenberg,* Ausritte; *Hürtgenwald-Großhau,* Reithalle, Ausritte; *Irrel,* Ausritte; *Kaisersesch,* Ausritte; *Kall,* Reithalle; *Kobern-Gondorf:* Reithalle und Ausritte; *Koblenz,* Reithalle und Ausritte; *Kreuzau,* Reithalle; *Langerwehe-Schlich,* Reithalle, Ausritte; *Langerwehe-Wenau,* Reithalle, Ausritte; *Manderscheid b. Warweiler,* Reithalle, Ausritte; *Mayen,* Ausritte; *Mechernich-Kommern,* Ausritte; *Monschau-Kaltherberg,* Ausritte; *Monschau-Mützenich,* Reithalle, Ausritte; *Nettersheim-Zingsheim,* Ausritte; *Nideggen-Schmidt,* Ausritte; *Olmscheid,* Ausritte; *Prüm,* Reithalle, Ausritte; *Remagen,* Reithalle, Ausritte; *Riedener Mühlen,* Ausritte; *Roetgen,* Reithalle, Ausritte; *Schalkenmehren,* Ausritte; *Schleiden-Nierfeld,* Reithalle; *Simmerath-Kesternich,* Reithalle, Ausritte; *Simmerath-Strauch,* Reithalle, Ausritte; *Sinzig-Bad Bodendorf,* 2 Reithallen, Ausritte; *Stadtkyll,* Ausritte; *Stolberg,* 3 Reithallen, Ausritte; *Stolberg-Schevenhütte,* Reithalle, Ausritte; *Trier,* Reithalle, Reitschule; *Wiersdorf,* Reithalle, Ausritte; *Wittlich,* Reitschule, Ausritte; *Zülpich-Enzen,* Reithalle, Ausritte.

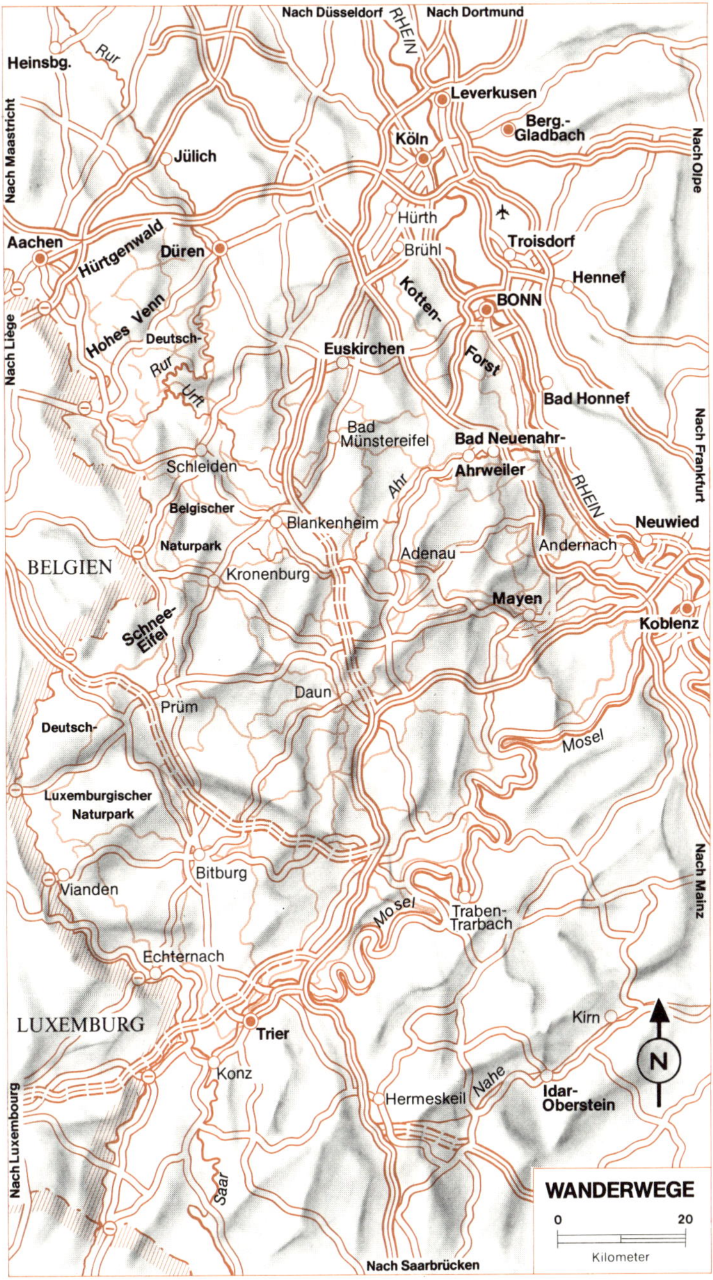
Nach Düsseldorf
RHEIN
Nach Dortmund
Heinsbg.
Rur
Leverkusen
Berg.-
Gladbach
Nach Maastricht
Köln
Nach Olpe
Jülich
Hürth
Troisdorf
Aachen
Hürtgenwald
Düren
Brühl
Hennef
Kotten-
Forst
BONN
Hohes Venn
Deutsch-
Nach Liège
Rur
Urft
Euskirchen
Bad Honnef
Bad
Münstereifel
Bad Neuenahr-
Ahrweiler
Nach Frankfurt
Schleiden
Ahr
RHEIN
Belgischer
Naturpark
Blankenheim
Neuwied
Andernach
Adenau
BELGIEN
Kronenburg
Mayen
Koblenz
Schnee-
Eifel
Prüm
Daun
Deutsch-
Mosel
Luxemburgischer
Naturpark
Nach Mainz
Bitburg
Vianden
Mosel
Traben-
Trarbach
Echternach
LUXEMBURG
Trier
Kirn
N
Konz
Hermeskeil
Nahe
Idar-
Oberstein
Nach Luxembourg
Saar
WANDERWEGE
0
20
Kilometer
Nach Saarbrücken

Schwimmbäder und Thermalbäder

Schwimmen, sonnenbaden oder sich einfach der gesundheitsfördernden Einwirkung des aus Thermalquellen gewonnenen Heilwassers aussetzen kann man in

Adenau, Hallenbad, Freibad (beheizt); *Andernach,* Hallenbad, Freibad; *Ahrbrück,* Freibad; *Altenahr,* Hallenbad; *Bad Aachen,* 5 Hallenbäder, Freibad (beheizt), 2 Thermalbäder; *Bad Bertrich,* Freibad (beheizt), Thermalhallenbad; *Bad Breisig,* 3 Thermalhallenbäder, Thermalfreibad; *Bad Münstereifel,* Hallenbad, Freibad (beheizt); *Bad Neuenahr-Ahrweiler,* 2 Hallenbäder, 2 Freibäder (beheizt), Thermalhallenbad; *Bedburg,* Hallenbad, Freibad (beheizt); *Bedburg-Kaster,* Hallenbad; *Bergheim,* Hallenbad, Freibad (beheizt); *Bergheim-Oberaußem,* Hallenbad, Freibad; *Bergheim-Quadrath-Ichendorf,* Freibad; *Bergheim-Glesch,* Hallenbad; *Biersdorf,* Hallenbad; *Bitburg,* Hallenbad, Freibad (beheizt); *Blankenheim,* Freibad (beheizt); *Bleialf,* Hallenbad, Freibad (beheizt); *Bollendorf,* Freibad (beheizt) mit Einschwimmhalle; *Brühl,* Hallenbad, Freibad (beheizt); *Dahlem,* Hallenbad (beheizt); *Daun,* Hallenbad, Freibad, Mineralbewegungs- und Warmbad; *Düren,* 2 Hallenbäder, Freibad (beheizt); *Düren-Echtz,* Freibad; *Echternacherbrück,* Freibad (beheizt); *Erftstadt-Liblar,* Freibad; *Erftstadt-Lechenich,* Freibad; *Erftstadt-Kierdorf,* Freibad; *Eschweiler,* Hallenbad (beheizt); *Eschweiler-Weisweiler,* Hallenbad, Freibad; *Eschweiler-Dürwiß,* Freibad; *Euskirchen,* Hallenbad, Freibad (beheizt); *Euskirchen-Kirchheim,* Freibad; *Gerolstein,* Hallenbad, Freibad (beheizt); *Gillenfeld,* Freibad; *Heimbach,* Freibad (beheizt); *Heimgarten-Hergarten,* Hallenbad; *Hellenthal,* Freibad; *Hillesheim,* Hallenbad; *Hürtgenwald,* Hallenbad; *Hürtgenwald-Vossenack,* Freibad (beheizt); *Irrel,* Hallenbad, Freibad (beheizt); *Jünkerath,* Hallenbad; *Kall,* Hallenbad (beheizt); *Kelberg,* Freibad (beheizt); *Koblenz,* 3 Hallenbäder, 3 Freibäder (2 beheizt); *Körperich,* Freibad (beheizt); *Kreuzau,* Hallenbad, Freibad (beheizt); *Kreuzau-Obermaubach,* Hallenbad; *Kyllburg,* Freibad; *Lissendorf,* Freibad; *Monderscheid,* Freibad (beheizt); *Mayen,* Hallenbad, Freibad (beheizt); *Mechernich,* Hallenbad (beheizt); *Mechernich-Satzvey,* Hallenbad; *Mendig,* Freibad (beheizt); *Monschau,* Hallenbad (beheizt); *Monschau-Imgenbroich,* Freibad; *Münstermaifeld,* Freibad (beheizt); *Neuerburg,* Hallenbad, Freibad (beheizt); *Nideggen-Abenden,* Hallenbad (beheizt); *Niederzissen,* Hallenbad; *Oberweis,* Freibad (beheizt); *Plaidt,* Freibad (beheizt); *Prüm,* Hallenbad, Freibad (beheizt); *Remagen,* Freibad (beheizt); *Rheinbach,* Hallenbad, Freibad; *Schalkenmehren,* Freibad; *Schleiden,* Hallenbad, Freibad (beheizt); *Schleiden-Gemünd,* Freibad (beheizt); *Schönecken,* Hallenbad, Freibad (beheizt); *Simmerath,* Hallenbad (beheizt); *Simmerath-Rurberg,* Freibad; *Simmerath-Einruhr,* Freibad; *Sinzig-Bad Bodendorf,* Mineralfreibad (beheizt), Thermalfreibad; *Speicher,* Hallenbad; *Stadtkyll,* Freibad (beheizt); *Stolberg,* 2 Hallenbäder (beheizt); *Stolberg-Schevenhütte,* Freibad; *Trier,* Hallenbad, 2 Freibäder (beheizt); *Wachtberg,* Hallenbad; *Waxweiler,* Hallenbad, Freibad (beheizt); *Wittlich,* Hallenbad, Freibad (beheizt); *Zülpich,* 2 Hallenbäder, Freibad (beheizt); *Zülpich-Füssenich,* Hallenbad.

Bootssport

Folgende Gewässer können und dürfen mit Sportbooten befahren werden

Bad Aachen, Hangeweiher; *Bergheim,* Erft; *Biersdorf,* Stausee; *Blankenheim,* Stadtweiher, Freilinger See; *Brühl,* Heider Bergsee; *Dahlem,* Kronenburger See; *Daun,* Gemündener Maar; *Düren,* Rur; *Erftstadt-Liblar,* Liblarer See; *Euskirchen-Kirchheim,* Steinbach-Talsperre; *Gerolstein,* Stausee, Schauerbach; *Gillenfeld,* Pulvermaar; *Heimbach,* Heimbacher Stausee; *Heimbach-Blens,* Rur; *Heimbach-Schwammenauel,* Rursee; *Hürtgenwald-Zerkall,* Rur; *Koblenz,* Mosel; *Kreuzau-Obermaubach,* Stausee; *Maria Laach,* Laacher See; *Mechernich-Kommern,* Stadtweiher; *Meerfeld,* Meerfelder Maar; *Nideggen-Schmidt,* Rursee; *Schalkenmehren,* Schalkenmehrener Maar; *Simmerath-Rurberg,* Rursee; *Simmerath-Woffelsbach,* Rursee; *Simmerath-Einruhr,* Rursee, Obersee; *Stadtkyll,* Stausee; *Ulmen,* Jungfernweiher.

Angelsport

Petri-Jünger können ihrem Hobby nachgehen bei Adenau, Altenahr, Auw bei Prüm, Bad Aachen, Bad Bertrich, Bad Münstereifel, Bad Münstereifel-Eicherscheid, Bad Neuenahr-Ahrweiler, Bedburg, Bengel, Bettenfeld, Bettingen, Bickendorf, Biersdorf, Birresborn, Blankenheim-Ahrdorf, Blankenheim-Nonnenbach, Bollendorf, Brühl, Dahlem-Kronenburg, Dasburg, Daun, Denshorn, Düren, Echternacherbrück, Eisenschmitt, Erftstadt-Liblar, Eschweiler, Euskirchen-Kirchheim, Gemünd, Gerolstein, Gillenfeld, Gondenbrett, Großflittgen, Gunderath, Heimbach, Heimbach-Hergarten, Heimbach-Schwammenauel, Hellenthal, Hillesheim, Holsthum, Hupperath, Irrel, Jünkerath, Kall, Koblenz, Kopp, Kreuzau-Obermaubach, Kyllburg, Manderscheid, Maria Laach, Mauel, Mayen, Mayschoß, Mechernich-Kommern, Meerfeld, Minden, Monschau, Monschau-Kalterherberg, Mürlenbach, Nettersheim, Nettersheim-Engelgau, Neuerburg, Nideggen-Schmidt, Niederehe (Ortsteil von Üxheim), Nohn, Oberweis, Prüm, Prümzurlay, Ralingen, Rech, Rittersdorf, Roetgen-Rott, Roth a. d. Our, St. Thomas, Schalkenmehren, Schleiden-Gemünd, Schönecken, Simmerath-Einruhr, Simmerath-Rurberg, Simmerath-Woffelsbach, Sinzig-Bad Bodendorf, Speicher, Stadtkyll, Stöberg, Stolberg-Gressenich, Stolberg-Scheven-hütte, Trier, Ulmen, Wallendorf, Waxweiler, Wiersdorf, Winterspelt, Zendscheid, Zülpich.

Wintersport

Den „weißen Sport" (Skifahren, -wandern, Langlaufen, Rodeln) kann man betreiben im Raum *Arft-Raßberg* 660 m Höhe, Schlepplift, Skiwanderweg – Rodelbahn – Flutlichtanlage; *Daun-Am Mäuseberg* 560 m Höhe, Schlepplift 400 m, Langlauf-Loipe 5 km, Rodelbahn – Flutlichtanlage – Skihütte; *Daun-Ernstberg* 700 m Höhe, Langlauf-Loipe 10 km; *Gerolstein-Dietzenlay* 600 m Höhe, Langlauf-Loipe 25 km, Rodelbahn; *Hellenthal-Hollerath* 400–700 m Höhe, 1 Lift, 1 Langlauf-Loipe – 12 km; *Hellenthal-Udenbreth,* 1 Lift, 3 Langlauf-Loipen – 10 km, 15 km, 30 km, Sprungschanze; *Kaltenborn-Hohe Acht* 500–700 m Höhe, Schlepplift, Rodelbahn – Sprungschanze, 20 km Skiwanderwege; *Monschau-Rohren* 450 – 600 m Höhe, 1 Lift, 2 Langlauf-Loipen – 4,5 km, 7 km, Rodelbahn; *Nürburg* 600 m Höhe, Schlepplift, 3 Langlauf-Loipen, Rodelbahn, Sprungschanze, Skiwanderweg; *Prüm-Schwarzer Mann* 700 m Höhe, 2 Schlepplifte, 2 Langlauf-Loipen, Rodelbahn, Skiwanderwege, Eisbahn; *Prüm-Wolfsschlucht* 600 m Höhe, Schlepplift, Rodelbahn, Skiwanderweg.

Wanderwege und Radwege

Die Eifel gehört zu den interessantesten und ergiebigsten Wandergebieten der Bundesrepublik. 13 Hauptwanderwege (HWW) als Durchgangswege, die Teilstrecke des Rheinhöhenweges von Bonn nach Andernach, der Moselhöhenweg links der Mosel von Trier bis Koblenz, der Ahruferweg von Altenahr bis zur Mündung in den Rhein bei Sinzig sowie die Grüne Straße erschließen das Gebiet dem Wanderfreudigen. Zahlreiche Rundwege, die in örtlichen Wegenetzen zum Ausgangspunkt zurückführen, Spezialrouten, wie der 7-Maare-Weg und ein Verbindungsweg zwischen vier Jugendherbergen (Bad Münstereifel–Blankenheim–Kronenburg–Hellenthal) führen durch die abwechslungsreiche Landschaft und zu zahlreichen Sehenswürdigkeiten.

Die Wanderwege können auch mit dem Rad befahren werden. Räder kann man über die örtlichen Verkehrsämter ausleihen.

Die Hauptwanderwege (HWW) 1–6 verlaufen von Norden nach Süden und sind mit einem schwarzen „Keil" markiert, der auf den südlichen Endpunkt der Route hinweist. Die HWW 10–16 mit der Kennzeichnung schwarzer „Winkel" führen von einem Ausgangspunkt im Osten zu einem Ziel im Westen. Der HWW 13, Vulkanweg genannt, ist als Ausnahme mit einem „V" ausgewiesen. Seine Richtung ist durch einen Zielstrich gekennzeichnet.

Die HWW sind:

HWW 1 – Bonn bis Moselkern (101 km),

HWW 2 – Brühl bis Trier (181 km),

HWW 3 – Euskirchen bis Lieser/Mosel (129 km),

HWW 4 – Kreuzau bis Trier (177 km),

HWW 5 – Kreuzau bis Trier (196 km),

HWW 6 – Aachen bis Echternacherbrück (184 km),

HWW 10 – Bonn bis Aachen (119 km),

HWW 11 – Sinzig bis Monschau (104 km),

HWW 12 – Brohl bis Monschau (113 km),

HWW 13 – (Vulkanweg) Andernach bis Gerolstein (160 km),

HWW 14 – Plaidt bis Kronenburg (102 km),

HWW 15 – Cochem bis Prüm (71 km),

HWW 16 – Alf/Mosel über Ourtal bis Vianden (102 km).

Die Grüne Straße (gekennzeichnet durch Schilder mit dem Symbol einer Straße, die sich durch Tannen schlängelt, und der Aufschrift „Ardennes-Eifel") führt von Rethel (Nordost-Frankreich) nach Sinzig am Rhein und bringt passionierten Wanderern sorgsam ausgesuchte, reizvolle Gebiete nahe. Im deutschen Teil der Eifel durchläuft sie zuerst den Naturpark Südeifel, berührt Bitburg, geht nördlich nach Staffelstein, biegt dann ostwärts ab nach Malbergweich, Malberg und Kyllburg, schneidet Oberkail, Schwarzenborn, Eisenschmitt-Eichelhütte an, hinter der die berühmte Zisterzienserabtei Himmerrod liegt. Auch Manderscheid wird nicht ausgelassen. Danach geht der Weg über Eckfeld und die Maare nach Daun, von hier über Kellenbach-Müllenbach zum Nürburgring. Schließlich erreicht man dann die Hohe Acht, Kempenich, Bad Neuenahr-Ahrweiler. Endpunkt der Straße ist Sinzig.

Der 7-Maare-Weg (mit Ma gekennzeichnet) ist ein spezieller Wanderweg durch die zentrale Vulkaneifel.

Wildparks

Die rund 100 Wildparks oder Freigehege in der Eifel erstrecken sich über mehr als 1500 Hektar. Wildfreigehege gibt es u. a. in *Bad Münstereifel,* Damwildgarten; *Bollendorf,* Vogelschutzgehege; *Daun,* Hirsch- und Saupark; *Gerolstein/Pelm,* Adler- und Wolfspark Kasselburg; *Gondorf,* Hochwildschutzpark Eifel; *Hellenthal,* Wildfreigehege, Greifvogelstation; *Klotten,* Wildfreigehege (Märchenpark, Sommerrodelbahn); *Mechernich-Kommern,* Hochwildschutzpark Rheinland; *Nideggen-Schmidt,* Wildfreigehege; *Pronsfeld/-Lünebach,* Tierpark Neubierbach (Eifelzoo mit Freigehegen); *Remagen-Rolandseck,* Wildpark Rolandseck; *Trier,* Wildfreigehege.

Eines der schönsten Wildgehege befindet sich in Hellenthal, hoch über dem Olefstausee. Hier leben Rehe und Hirsche auch Mufflons, Wölfe, Rentiere, Elche, Gemsen, Auerochsen, Wisente, Bisons, und Steinböcke und viele andere Tierarten. Das Gehege beherbergt auch eine der größten Greifvogelstationen Westeuropas (Adler, Bussarde, Falken, Habichte sowie Eulen, Uhus und Käuze).

Im *Hochwildschutzpark Eifel* bei Gondorf gibt es die größte Steinwildkolonie in einer Gamswildschlucht, eine Wisent- und Auerochsenherde sowie Braunbären.

Naturpark Nordeifel/ Deutsch-Belgischer Naturpark

Der rund 348 500 ha große Naturpark zieht sich etwa von Prüm im Süden bis hinauf zur Moor- und Weidelandschaft des Hohen Venn. Aufgrund der Entwicklung nach dem Zweiten Weltkrieg gehört das Gebiet zwar teilweise zu Belgien (176 315 ha auf deutscher Seite), doch machen Abkommen zwischen beiden Regierungen grenzüberschreitende Wanderungen problemlos möglich. Es gab häufig Grenzverschiebungen, was manchmal auch kuriose Folgen hatte. So sind beispielsweise heute noch ca. 3 km der B 258 zwischen Fringshaus und Konzen belgisches Staatsgebiet. Und auch die Vennbahn, die diese Straße mehrmals kreuzt, ist eine belgische Eisenbahn mit belgischen Bahnhöfen auf deutschem Gebiet.

Zahlreiche Burgen, Schlösser und Klöster manifestieren, daß das Gebiet altes Kulturland ist. Vorgeschichtliche Fundstellen, aber auch Funde aus der römischen Besiedlungszeit und Kultstätten der Germanen lockten Archäologen aus aller Welt an. Insgesamt 10 Talsperren und Stauseen bieten Wassersportmöglichkeiten aller Art. Aber auch Wintersport ist hier möglich: beispielsweise im Raum Hollerath-Udenbreth, am Schwarzen Mann und bei Höfen-Rohrem.

Naturpark Südeifel/ Deutsch-Luxemburgischer Naturpark

Der Naturpark, 725 km^2 groß, erstreckt sich beiderseits der Our und der unteren Sauer. Die Bundesrepublik und Luxemburg teilen sich diese abwechslungsreiche Landschaft: tief in das Schiefergestein eingeschnittene, bewaldete Täler, bizarre Felsformationen, wie beispielsweise im Sandsteingebiet um Echternach.

Historische Städte, Schlösser und Burgen, Wildparks und Freigehege, mit seltenen Vogel- und Wildarten lohnen den Besuch. Neben den vielen Wandermöglichkeiten gibt es ein umfangreiches Sportangebot.

Heilbäder und Kurorte

Bad Aachen, Mineral- und Moorbad; *Bad Bertrich,* Mineralheilbad; *Bad Bodendorf,* Mineralheilbad; *Bad Breisig,* Mineralheilbad; *Bad Münstereifel,* Kneippheilbad; *Bad Neuenahr-Ahrweiler,* Mineralheilbad; *Blankenheim,* Luftkurort; *Daun,* heilklimatischer Kurort, Kneippkurort, Mineralheilbad; *Heimbach,* Luftkurort; *Irrel,* Luftkurort; *Kelberg,* Luftkurort; *Kyllburg,* Kneippkurort; *Manderscheid,* heilklimatischer Kurort; *Neuerburg,* Luftkurort; *Nideggen,* Luftkurort; *Nürburg,* Luftkurort; *Prüm,* Luftkurort; *Riedener Mühlen,* Luftkurort; *Schleiden-Gemünd,* Luftkurort; *Stadtkyll,* Luftkurort.

Burgen und Schlösser

Burg Landskron

Die Burg liegt unweit von Bad Neuenahr (am besten zu Fuß von Heimersheim zu erreichen, ¾ Stunde). Sie steht auf einem Basaltkegel. Mit ihrem Bau wurde 1206 begonnen, im 17. Jh. wurde sie zerstört.

**Burg Eltz

am Flüßchen Elz ist eines der malerischsten und besterhaltenen Schlösser Deutschlands. Im 12. Jh. erbaut, wurde die Burg bis heute niemals zerstört.

Saffenburg

bei Mayschoß ist die älteste Burg an der Ahr. In der Mitte des 11. Jhs. gegründet, wurde sie 1704 geschleift. Von der Anlage sind nur noch geringe Mauerreste zu sehen.

Burg Are

Über Altenahr (1 km Fußweg) gelegen, wurde die Burg um 1100 gegründet und mehrfach erneuert, bevor sie 1714 zerstört wurde.

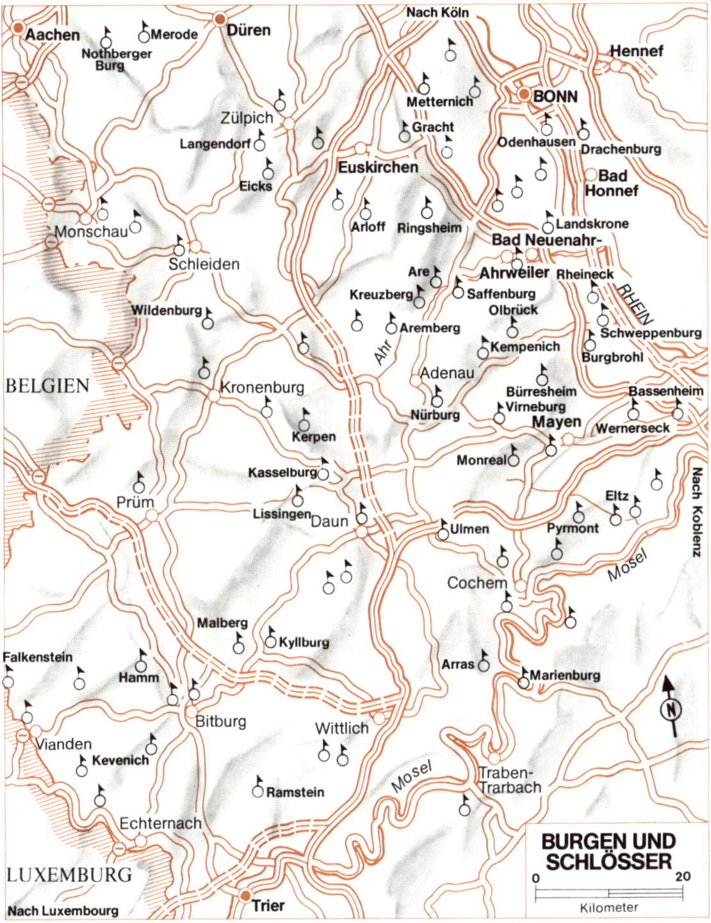

Burg Kreuzberg

bei Altenahr (2 km Fahrstraße und Fußweg) wurde vor 1343 errichtet und 1686 zerstört. Wiederaufbau im 18. Jh.

Burg Olbrück

bei Oberzissen (1 km von Hain, zu Fuß zu erreichen) liegt auf einem Bergkegel. Sie wurde um 1100 gegründet und Anfang des 19. Jhs. als Steinbruch benutzt. Erhalten ist der gotische Bergfried aus der Mitte des 14. Jhs., der französische Einflüsse zeigt.

Burg Burgbrohl

aus dem 12. Jh., wurde im 18. Jh. durch einen wohnlichen Herrensitz ersetzt (1879 erweitert) und ist jetzt Besitz eines Klosters. Von der früheren Burg stehen nur noch einige Mauerreste.

Schweppenburg

im Brohltal (3 km von Burgbrohl, 2 km von Bad Tönisstein), war ehemals kölnisches Lehen. 1630–41 entstand der heutige wehrhafte Wohnbau.

Schloß Bassenheim

am Fuß der Eifel (12 km von Koblenz) gelegen, ist eine ehemalige Wasserburg (14. Jh.). Sie kam später in den Besitz des Geschlechts Walbott von Bassenheim und wurde vielfach, so Anfang des 17. Jhs. sowie 1914–17, umgestaltet.

Burg Wernerseck

liegt bei Plaidt. Es handelt sich um eine einsame, die Landschaft beherrschende Anlage auf einer Bergkuppe, die von der Nette umflossen wird. 1401 durch Erzbischof Werner von Trier begonnen und in wenigen Jahren vollendet, gilt sie als ein bedeutendes Beispiel der Befestigungstechnik der spätgotischen Zeit. Den mächtigen Wohn-Bergfried umgibt eine Wehrmauer mit Ecktürmen.

Nürburg

Diese bedeutende romanische Anlage liegt bei Adenau (678 m, 1 ½ Stunden Fußweg, 20 Min. Fahrstraße) inmitten des berühmten Nürburgringes. Die Burg wurde 1689 zerstört. Vom Bergfried bietet sich eine herrliche Aussicht über die Eifel.

***Schloß Bürresheim**

bei Mayen (4,5 km Fahrstraße) ist eines der wichtigsten Beispiele des deutschen Burgenbaues. Es war lange Zeit im Besitz der Erzbischöfe von Köln und Trier. Mit dem Bau der Burg wurde um 1300 begonnen und in der zweiten Hälfte des 15. Jhs. wurde die Burg zum Schloß ausgebaut.

Burg Monreal (Löwenburg)

Sie wurde um 1220 durch die Grafen von Virneburg errichtet und 1689 zerstört. Die Ruinen werden von einem 20 m hohen Turm überragt, der einen weiten Ausblick gestattet. Westlich der Hauptburg liegt die „Kleine Burg“, das „Rech“ (nur geringe Reste).

Burg Mayen (Genovevaburg)

Die auf einer Felskuppe hoch über der Stadt Mayen gelegene Burg wurde 1280 von Erzbischof Heinrich von Vinstingen als Schutzburg gegen das Kurfürstentum Köln erbaut. Sie wurde im Jahre 1689 im Pfälzischen Erbfolgekrieg von den Franzosen zerstört und nach 1700 von Kurfürst Johann von Orsbeck größer wieder aufgebaut. Die Burg beherbergt heute das Eifel-Museum und ist Schauplatz der alljährlich im Sommer stattfindenden Burgfestspiele.

Burg Pyrmont

ist herrlich im Elzbachtal gelegen. 1225 wurde sie erstmals urkundlich erwähnt und 1712 zum Barockschloß umgebaut. 1810 versteigert und teilweise zerstört, wurde das Schloß nach 1963 vorbildlich wieder aufgebaut.

Burg Ulmen

Die spärlichen Reste dieser Burg liegen malerisch über dem Ulmener Maar.

Burg Daun

Die Ruinen der ehemaligen mittelalterlichen Burg liegen auf steilem Fels im Mittelpunkt der Stadt. Auf dem Burggelände stehen das Amtshaus (1712) und eine Kirche (1865–67 und 1949). (Besichtigung: nur Kirche.)

Burg Freudenkoppe

bei Neroth, um 1340 durch König Johann von Böhmen errichtet, zeigt nur noch geringe Reste. Am Südhang unterhalb steht eine Burghaus-Ruine des 15. Jhs.

Burg Kerpen

Der ursprüngliche Bau stammt aus dem 12.–16. Jh. Ende des 17. Jhs. wurde die Anlage zerstört, aber 1896–97 und 1920 teilweise ausgebaut.

**Aachen

Aachen (125–410 m, 245 000 Einw.) liegt geschützt in einer Talmulde an den Nordausläufern des Hohen Venn. Die westlichste deutsche Großstadt grenzt direkt an Belgien und die Niederlande. Die Stadt ist Sitz eines katholischen Bischofs und der Rheinisch-Westfälischen Technischen Hochschule sowie verschiedener Fach- und Fachhochschulen. Die Stadt

Karl der Große

bemüht sich besonders um eine kulturelle und wirtschaftliche Zusammenarbeit mit den Nachbarstaaten. Grundlage hierfür sind jahrhundertealte historische Beziehungen. In Aachen wird alljährlich (seit 1950) der *Karlspreis* für Verdienste um die europäische Idee verliehen, außerdem findet jedes Jahr im Sommer das schon berühmte internationale Reit-, Spring- und Fahrturnier statt. Die Stadt ist eine Hochburg des rheinischen Karnevals (Verleihung des „Ordens wider den tierischen Ernst“): Alle sieben Jahre ist Aachen Ziel der großen Heiligtumsfahrt (siehe Seite 40).

„Aquis Grani“, wie es die Römer nannten, war bereits ein beliebtes Militärbad der römischen Legionen in Nordgermanien. Unter den schwefelhaltigen Natrium-Chlorid-Hydrogencarbonat-Thermen befinden sich die heißesten Quellen Mitteleuropas, mit bis zu 74 °C. Die Indikationen sind u. a. rheumatische Erkrankungen, Gelenkveränderungen und Hautkrankheiten.

GESCHICHTE

Spuren von vereinzelten Streusiedlungen aus vorgeschichtlicher Zeit lassen auf eine dünne Besiedlung dieses Gebietes schließen. Erst die Kelten bauten um die heißen Quellen im Tal eine Siedlung, die ihrem Heilgott Granus geweiht wurde. Als die Römer ins Land kamen, bauten sie die Anlagen zu einem großen Militärbad aus und nannten es vermutlich Aquae Grani (der Name „Aquisgranum“ ist erst im Mittelalter belegt). Rund 400 Jahre brachte die römische Verwaltung dem Land westlich des Rheins einen Dauerfrieden. Im Verlauf der Völkerwanderungen wurden die nach Westen vorstoßenden Franken im Raum um Aachen seßhaft. Ein Hofgut für König Pippin entstand. Dieses Hofgut wurde von Pippins Sohn Karl dem Großen zu seiner Pfalz erhoben. Ende des 8. Jahrhunderts bestand diese aus einer Palasthalle, einer Kapelle und einem Königsbad sowie einer Siedlung mit dem Namen Ahha. Um 789 wurde der Palast fertiggestellt; 805 weihte Papst Leo III. die an der Stelle der merowingischen Hofkapelle erbaute Pfalzkapelle Karls des Großen. 814 wurde Karl der Große dort beigesetzt.

936 ließ sich Otto I. in Aachen zum König krönen. Bis 1531, dem Krönungsjahr Kaiser Karls V., blieb Aachen die Krönungsstadt der deutschen Kaiser und Könige.

Durch die Heiligsprechung Karls des Großen in staufischer Zeit (1165) wurde Aachen zur Reichsstadt. Kaiser Friedrich I. ordnete die Befestigung der Stadt an. Dic Ausdehnung Aachens im 12. Jahrhundert ist heute noch an den Resten dieser Barbarossa-Mauer zu erkennen. Der äußere Ring weist auf die Ausdehnung der Stadt im 14. Jahrhundert hin (Verdoppelung der Befestigungsanlage). Schon im frühen Mittelalter gewann Aachen als Wallfahrtsort eine große Bedeutung. 1349 wurde die Sitte der Heiligtumsfahrt, einer Wallfahrt zu den alle 7 Jahre öffentlich gezeigten bedeutenden christlichen Reliquien des Aachener Doms, begründet. Zu sehen sind u. a. aus den von Karl dem Großen erworbenen Reliquien, die Windeln und das

Lendentuch Jesu, das Kleid Marias und das Enthauptungstuch Johannes des Täufers, die seit 1239 in dem berühmten Aachener Marienschrein aufbewahrt werden. Der von ca. 1120–38 entstandene Schrein ist ein Eichenholzkasten in Form einer einschiffigen Kirche, die verkleidet ist mit vergoldetem Silber und teilweise emailliertem Kupfer und verziert mit reicher spätromanischer Scheinarchitektur (Reliefs) und silbergetriebenen Sitzfiguren an Giebel- und Langseiten.

Nach dem Vordringen der Reformation (etwa ab 1530) kam es zu Auseinandersetzungen mit dem Kaiser (Aachener Streit), doch erst 1614 wurde der Katholizismus durch den in habsburgischen Diensten stehenden Feldherrn Spinola von den spanischen Niederlanden aus gewaltsam wieder eingeführt.

In der Folgezeit ging durch die Auswanderung der ev. Gewerbetreibenden, das Nachlassen der Wallfahrten sowie durch die Besetzungen und Plünderungen während des Dreißigjährigen Krieges der Wohlstand der Stadt zurück. 1656 wurde Aachen durch einen Brand zu 90 Prozent zerstört, eine Katastrophe, von der sich die Stadt danach nur langsam wieder erholte. Im Barockstil wiederaufgebaut, entwickelte sie sich gleichwohl vom Ende des 17. bis ins 19. Jahrhundert mit ihren warmen Schwefel-Kochsalz-Quellen zum vornehmen Badeort.

1794 besetzten französische Revolutionstruppen Aachen, die Stadt verlor den Status einer Freien Reichsstadt. 1815 fiel Aachen an Preußen und wurde Hauptstadt eines Regierungsbezirks. 1818 tagte der Aachener Kongreß, der den Schlußstrich unter die Niederwerfung des napoleonischen Frankreichs zog und Frankreich den Beitritt zur Heiligen Allianz erlaubte.

Stadtarchiv [2] untergebracht ist. Von dem ursprünglichen Gebäude, das im 13. Jahrhundert als erstes Rathaus der Stadt gebaut wurde, existiert heute nur noch die Fassade. Das Untergeschoß diente früher auch als Gefängnis. Bemerkenswert sind die Statuen (Kopien der im Krieg fast völlig zerstörten Originale) der sieben Kurfürsten, welche die Fassade oberhalb der Fenster schmücken.

Zwischen dem Dom und dem heutigen Rathaus der Stadt liegt der *Katschhof.* Das gotische

***Rathaus** [3] wurde 1349 auf den Grundmauern der Pfalz Karls des Großen erbaut. Karolingische Bauteile sind zum Beispiel der *Granusturm* an der Ostseite und ein Teil des *Marktturms* an der Westseite. Der *Krönungssaal, in dem die deutschen Könige bis 1531 ihr Krönungsmahl hielten, ist der Zentralraum des Gebäudes. Nur mit viel Mühe und Geschick konnte das 1943/44 fast zur Ruine gewordene Gebäude nach dem Zweiten Weltkrieg wiederhergestellt werden. Die Fassade zeigt über dem Haupteingang Christus mit der Weltkugel und, neben ihm kniend, Papst Leo III. und Karl den Großen. Im übrigen ist die Fassade mit 54 Königsstatuen, ferner mit Darstellungen der Sieben Freien Künste und der 14 Zünfte und mit den Wappen der Kurfürsten und einiger Landesherren, Bischöfe und Reichsstädte geschmückt. Von den acht Fresken, mit denen der Aachener Maler Alfred Rethel (1816–59) den Krönungssaal ausstattete, konnten nur noch fünf nach dem Zweiten Weltkrieg restauriert werden: „Otto III. in der Gruft Karls des Großen", „Sturz der Irminsul", „Schlacht bei Córdoba", „Einzug in Pavia" und „Krönung Ludwigs des Frommen". Vor dem Rathaus steht ein Brunnen mit einer Statue Karls des Großen.

Unter den vielen Kirchen im Stadtbereich, die fast alle im Zweiten Weltkrieg zerstört wurden, stammen aus dem Mittelalter die Probsteikirche *St. Adalbert* [4], die um 1000 unter Otto III. erbaut wurde, und *St. Salvator* [5] auf dem Salvatorberg. Diese Kirche wurde von Ludwig dem Frommen gestiftet und von 814 bis 840 erbaut.

Von der einstigen mittelalterlichen Stadtbefestigung (14. Jh.) stehen außer einigen Teilstücken der Ringmauer die beiden gut erhaltenen Torburgen *Ponttor* [6] und *Marschiertor* [7]. Weiter ist sehenswert der *Marienturm* [8] an der Ludwigsallee, in dem sich heute das Ehrendenkmal für die Gefallenen der beiden Weltkriege befindet. Interessant sind außerdem der *Lange Turm* (Pulverturm), an der Turmstraße gelegen, und der *Pfaffenturm* an der Junkerstraße sowie *Lavenstein* am Boxgraben.

Elisenbrunnen

Zu den weiteren Sehenswürdigkeiten der Stadt gehören das *Stadttheater* [9] am Friedrich-Wilhelm-Platz 3, mit einem klassizistischen Säulenportikus (Entwurf von Schinkel, Baumeister Cremer, 1823–25), der *Elisenbrunnen* [10], ein klassizistischer Säulenbau (auch ein Entwurf Schinkels, 1824–25 ausgeführt), das Veranstaltungs- und Tagungszentrum *Eurogress* [11] mit dem benachbarten Spielkasino, dem modernsten Europas, das **Suermondt-Ludwig-Museum* [12] und das **Couven-Museum* [13] (Wohnkultur des 18. und des frühen 19. Jhs.), die *Neue Galerie-Sammlung Ludwig* [14], das *Heimatmuseum* [15] (Stadtgeschichte) in der Burg Frankenberg, das *Internationale Zeitungsmuseum* [16] in der Pontstraße, die *Rheinisch- Westfälische Technische Hochschule* [17] und der „Postwagen" (17. Jh.), die älteste Kneipe der Stadt.

ℹ Verkehrsverein Bad Aachen, „Haus Löwenstein", Markt 39/41, Tel. 02 41/ 3 27 50, und Bahnhofsplatz 4, Tel. 02 41/ 3 06 00.

🚗 🚌 Nah- und Fernverbindungen.

Parkhotel „Quellenhof"; „Novotel Aachen"; „Aquis-Grana-Cityhotel".

„Buschhausen"; „Royal"; „Krott"; „Eupener Hof"; „Burtscheider Markt"; „Central"; Kurhotel „Schwertbad"; „Am Marschiertor"; „Stadt Koblenz".

„Brüls am Dom"; „Reichshof"; „Ejjene Klenkes".

„Colynshof", Maria-Theresia-Allee 260.

Paßstraße 87 (beim Stadtgarten).

(94–400 m, 28 000 Einw.). Die beiden vorher selbständigen Städte Ahrweiler und Bad Neuenahr wurden 1969 zusammengelegt. Zu dem nun neuen Gemeinwesen gehört auch Walporzheim (s. S. 44). Ahrweiler blieb Sitz des rheinland-pfälzischen Landkreises, der auch diesen Namen trägt. Der bekannte Mittelpunkt des größten geschlossenen Rotwein-Anbaugebietes Deutschlands entwickelte sich mehr und mehr auch zu einem Gewerbe- und Industrieort. Bad Neuenahr ist schon seit 1858 Heilbad und Kurort von Weltruf. Die bedeutendsten Heilquellen sind der Große Sprudel, der Willibrordus-Sprudel und die Walburgistherme.

GESCHICHTE

Funde belegen die Besiedlung des Landstriches schon in keltischer und römischer Zeit.

Als *Arwilre* wird der heutige Stadtteil Ahrweiler 893 erstmals urkundlich in einem Güterverzeichnis der Abtei Prüm erwähnt. 1248 wurden Ahrweiler die Stadtrechte bestätigt.

Der Name des Stadtteils Neuenahr geht auf die Burg *Newenare* (13. Jh.) zurück. Die Siedlung ist aus drei Dörfern hervorgegangen, deren Geschichte bis ins Jahr 992 zurückverfolgt werden kann. 1951 wurde Bad Neuenahr Stadt.

Bad Neuenahr-Ahrweiler erstreckt sich auf 63 km² im unteren Ahrtal, das sich hier zum Rhein hin allmählich öffnet. Während Ahrweiler vom Wein, vom Fremdenverkehr und von einigen Industriebetrieben lebt, wird Bad Neuenahr vom Kurbetrieb geprägt, der sich nach der Entdeckung des Willibrordus-Sprudels (1861) entwickelt hat. Heilend und vorbeugend behandelt man Magen- und Darmleiden, Krankheiten der Leber- und Gallenwege, Funktionsstörungen von Herz und Kreislauf und Stoffwechselstörungen, speziell Diabetes. Grundlage der Heil- und Kurverfahren sind vulkanische Mineralwasser- und alkalisch-erdige kohlensaure Thermalquellen (36 °C), heilende Erden sowie das sonnenreiche und regenarme Reizklima dieser Region. Bad Neuenahr besitzt gepflegte Kurparks, zahlreiche Kurkliniken und Sanatorien. Das Flair mondänen Lebens verdankt es seiner *Spielbank*.

SEHENSWÜRDIGKEITEN

Ein Rundgang durch Ahrweiler führt u. a. zu folgenden Sehenswürdigkeiten: Zur

Stadtmauer [1] mit ihren Toren und Türmen, dem Wallgraben und dem Wehrgang. Die Stadtmauer von Ahrweiler wurde etwa ab 1255 bis ins 15. Jh. erbaut. Das 1600 m lange, 6–8 m hohe und bis zu 1,50 m starke Bauwerk verläuft in Form eines in Ost-West-Richtung liegenden Ovals mit vier Toren und drei Türmen (Kanonen-, Bitzen- und Schlößchenturm). Die Bauarbeiten wurden damals als Frondienst geleistet. Trotz vieler feindlicher Belagerungen und Brandschatzungen, vor allem im Dreißigjährigen Krieg, blieben Wallgraben, Stadtmauern, Tore und Türme fast unversehrt. Im

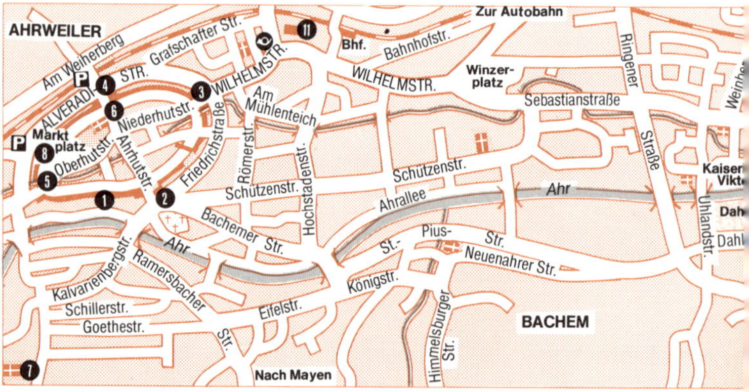

Ahrtor [2], dem größten Stadttor mit einem fünfgeschossigen Torturm und zwei flankierenden dreigeschossigen Halbtürmen, ist ein vielfiguriges Hochrelief der Kreuztragung Christi aus Tuffstein (Weibern/Eifel), 14. oder 16. Jh., erhalten geblieben. Im Torweg des

Niedertores [3] ist ein Relief aus der Zeit um 1500 „Christus an der Geißelsäule“. Das

Adenbachtor [4] war der Wohnturm des Nacht- und Feuerwächters. Im

Obertor [5] befinden sich drei eingemauerte Kugeln zum Gedenken an die Belagerung durch die burgundischen Truppen Karls des Kühnen 1476. Die

Pfarrkirche „St. Laurentius“ [6] ist die älteste linksrheinische gotische dreischiffige Hallenkirche. Mit ihrem Bau wurde 1269 begonnen. 1903 wurden Wandbilder aus dem 14. und 15. Jh. sowie aus der Zeit um 1700 freigelegt.

Auf einer Basaltkuppe, südlich von Ahrweiler auf dem rechten Ahrufer gelegen, steht das

Ursulinenkloster Kalvarienberg [7]. Im Mittelalter befand sich dort eine Richtstätte mit Galgen, danach ab 1505 eine Kapelle, später ab 1630 ein Franziskanerkloster. Seit 1838 ist der Gebäudekomplex Mutterhaus der Ursulinen. Im

Weißen Turm, [8], dem Wahrzeichen von Ahrweiler, ist heute das *Ahrgau-Museum* (Heimatmuseum) untergebracht (geöffnet April–Oktober freitags von 10 bis 12 Uhr und von 14 bis 17 Uhr, sonntags von 10.30 bis 12 Uhr).

An dieser Stelle, wo sich bereits eine römische Siedlung und zu Zeiten der Franken und Karolinger ein Meierhof befunden hatte, wurde um 1100 ein burgähnlicher Rittersitz für die Grafen von Stein-Kallenfels erbaut. Sie setzten dem Turm mit romanischem Grundriß und gotischem Aufriß 1663 eine italienische Barockhaube auf. Um 1700 zogen die weißen Mönche der Abtei Steinfeld ein und gaben dem Turm ihren Namen. Seit 1907 Ahrgaumuseum (Funde aus der Vorgeschichte, der Römerzeit bis zum Mittelalter, Urkunden, mittelalterliche Plastiken, Zeugnisse alter Wohnkultur und der Entwicklung des Weinbaus im Ahrtal).

Am Fuße des Silberbergs entdeckte man 1980 Fundamente einer *römischen Villa* (1. Jh. n. Chr.).

Im Stadtteil Bad Neuenahr ist die

Willibrorduskirche [9], erstmals geweiht 990, wegen verschiedener Details sehenswert (u. a. romanischer Westturm aus der Zeit um 1200). Besuchenswert ist auch das barocke

Beethovenhaus [10]; in dem der Komponist zwischen 1786 und 1792 regelmäßig seine Ferien verbrachte.

Die weiteren 11 Stadtteile sind *Bachem* mit seinem Weinbaumuseum, *Ehlingen* mit dem Burgbackhaus, *Gimmigen* mit der alten Kapelle, *Green* mit seinen Mühlen, *Heimersheim* mit dem Zehnthof, *Heppingen* mit dem kurfürstlichen Pantaleonshof, *Kirchdaun* an der alten Kaiserstraße Aachen–Frankfurt, *Marienthal* mit der staatlichen Weinbaudomäne, *Lohrsdorf Walporzheim* (s. S. 44) und das 400 m hoch gelegene *Ramersbach*.

ⓘ Kur- und Verkehrsverein Bad Neuenahr-Ahrweiler, Hauptstr. 60 und Marktplatz 21, Tel. 0 26 41/22 78.

Remagen-Kreuzberg.

Bonn, Remagen, Sinzig, Rheinbach, Altenahr, Niederzissen.

Stadtteil Bad Neuenahr:

„Steigenberger Kurhotel“; „Dorint“; „Goldener Anker“; „Elisabeth“; „Seta-Hotel“.

„Aurora-Martha“; „Hamburger Hof“; „Pfäffle“; „Fürstenberg“; „Haus Ernsing“.

Stadtteil Ahrweiler:

„Avenida“; „Hohenzollern“; „Zum Ännchen“; „Zum Stern“.

Peter-Friedenhofen-Straße.

Stadtteil Ahrweiler. – , Tennis, Golf, Reiten, Segelfliegen, Bogen- und Wurftaubenschießen.

Mayen

Die Stadt Mayen (230–527 m, 20 000 Einw.) liegt in einem Talkessel an der Nette, etwa auf halber Höhe zwischen Rhein und Mosel, am Rande des Laacher-See-Vulkangebietes.

An der Eisenbahnlinie in die Eifel gelegen, war die Stadt im Dezember 1944 Aufmarschgebiet der letzten Offensive in die Ardennen und wurde, bis auf wenige Häuser, völlig zerstört. In den darauffolgenden Jahren war man bemüht, trotz des rasch durchzuführenden Wiederaufbaus, das ursprüngliche Gesicht der Stadt weitestgehend zu erhalten.

Rathaus

Heute ist die Große kreisangehörige Stadt Mayen (Kreis Mayen-Koblenz Sitz der Kreisverwaltung in Koblenz) ein kultureller und wirtschaftlicher Mittelpunkt der Südosteifel. Neben der traditionell hier ansässigen Natursteinindustrie haben sich in der Nachkriegszeit auch textil-, leder- und papierverarbeitende Betriebe angesiedelt.

GESCHICHTE

Der Ortsname leitet sich von magos (keltisch = Feld, Ebene) ab. Nachweislich war der Platz bereits in der Steinzeit, vor rund 5000 Jahren, besiedelt. So existiert im Industriegelände östlich von Mayen noch eine ovale Befestigungsanlage (Erdwerk) der neolithischen Michelsberger Kultur.

Die Basaltsteinbrüche, aus denen man Mahlsteine gewann, machten den Ort schon während der Keltenzeit und der anschließenden Römerzeit weithin bekannt. Hier kreuzten sich mehrere alte Handelsstraßen, die von den Römern zu Heeresstraßen ausgebaut wurden.

Die Weiterbelegung des römischen Grabfeldes in der Frankenzeit und der Export Mayener Mühlsteine und Töpferwaren bezeugen die Siedlungskontinuität. Als Ende des 13. Jhs. Mayen durch Rudolf von Habsburg die Stadtrechte erhielt, wurde die Stadt befestigt. Der Bau einer starken Burg stellte zugleich eine Grenzsicherung gegen die Expansionsversuche der Erzbischöfe von Köln dar.

Bis 1794 gehörte Mayen zum Erzbistum und späteren Kurfürstentum Trier. Dann folgte die Besetzung durch die Franzosen. Nach den Frieden von Campo Formio (1797) und Lunéville (1801) wurde Mayen Hauptort eines französischen Kantons. Beim Wiener Kongreß schließlich wurden die Rheinlande, und damit auch die Stadt Mayen, Preußen zugeordnet.

SEHENSWÜRDIGKEITEN

Bemerkenswert sind die Reste der ehemaligen Stadtbefestigung, die beiden Tortürme *Brückentor* [1] und *Obertor* [2]. Von den ursprünglich vier Stadttoren der 1600 Meter langen zinnengekrönten Stadtbefestigung (14. Jh.) blieben nur sie erhalten. Der schiefe Turm der

Pfarrkirche St. Clemens [3], Wahrzeichen Mayens, überragt die Altstadt. Die gotische Kirche (14. Jh.) zählt zu den ältesten Hallenkirchen im linksrheinischen Gebiet. Die Bezeichnung „schiefer Turm“ entstand, weil sich der Kirchturm aufgrund seiner Konstruktion und der Witterungseinflüsse gedreht hat und um ca. 1,20 m aus dem Lot kam. Der Südturm stammt noch von dem romanischen Vorgängerbau (12. Jh.). Das

Alte Rathaus [4] (1717) am Markt wurde für das 1689 zerstörte gotische Gebäude im barocken Stil erbaut.

Sehenswert ist die sorgfältig restaurierte *Genovevaburg* [5] (1280). Die mächtige Festung erhebt sich mit einem Mauerring von drei Metern Dicke auf einem Felskegel. Die sagenumwobene Burg (Genovevasage) wurde 1280 von Erzbischof Hein-

St. Clemens

rich von Finstingen als Feste gegen das Kurfürstentum Köln erbaut. Der dicke Mauerwall konnte 1689 auch von den Franzosen nicht zerstört werden. Nur die Burg hinter dem Schutzwall brannte total aus. Nach 1700 ließ Kurfürst Johann von Orsbeck (sein Wappen befindet sich über dem Portal) sie dann größer wieder aufbauen.

Vom mächtigen *Goloturm* (34 m hoch, Bergfried der Festung) hat man einen großartigen Rundblick über Mayen.

Heute ist in der restaurierten Burg das bekannte **Eifel-Museum* untergebracht. Zehn Bauern- und Handwerkerstuben vermitteln dem Besucher einen Einblick in die frühere Lebensweise der Eifelbewohner.

Die Sammlung ist wie folgt aufgeteilt:

Erdgeschichte: Gesteinsproben aller geologischen Formationen der Eifel und viele vulkanische Mineralien.

Steinindustrie: Tuff und Bims wurden bereits in der Römerzeit genutzt. Basaltlava verarbeitete man zu Reib- und Mühlsteinen (Ausfuhr schon früh nach Rußland, Skandinavien, England). Das Museum

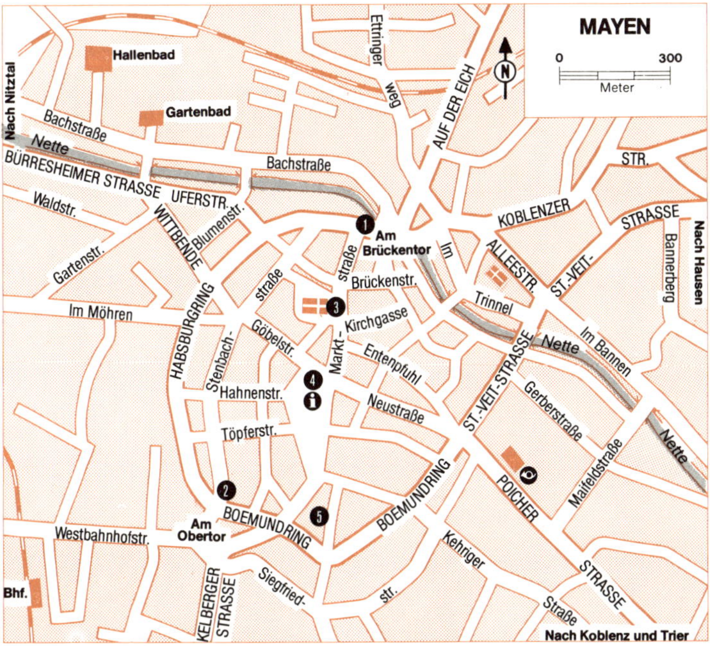

Genovevaburg

besitzt eine große Sammlung von Bearbeitungsgeräten aus fünf Jahrtausenden.

Urgeschichte: Seit etwa 100 000 Jahren leben Menschen in der Eifel. Werkzeug-, Schmuck- und Keramikfunde von der Altsteinzeit bis zum Beginn der Römerzeit sind ausgestellt.

Römerzeit: Die Römer bauten gute Straßen für ihre militärischen Eroberungszüge, an denen nach und nach Siedlungen entstanden. Wegen ihres großen Bedarfs an Mühlsteinen erlebte die Mayener Basaltförderung und -verarbeitung einen ersten Aufschwung. Römische Keramiken und eine beachtliche Münzsammlung sowie kostbare Gläser beweisen den Wohlstand während jahrhundertelanger Römerherrschaft.

Frankenzeit: Die Funde zeigen, daß die wirtschaftliche Entwicklung im Gebiet um Mayen nicht behindert wurde. Für Steinmetzen und Töpfer der galloromanischen Bevölkerung wurden auch die neuen Herren zu Förderern.

Eifelstuben: Zu sehen sind zehn Bauern- und Handwerkerstuben, eine Wohnstube eine Küche, die Gute Stube sowie Werkstätten von Schuhmachern, Nagelschmieden, Webern, Blaudruckern, Töpfern und Strumpfwirkern. Ausgestellt ist auch die vom Mayener Strumpfwirker und Zipfelmützenmacher Balthasar Krems um 1800 erfundene erste Nähmaschine (mit automatischem Transport).

Volkskunde: Reichhaltige Sammlung von Trachten, handwerklichen Gegenständen und Dingen religiösen Brauchtums.

Stadtgeschichte: Zahlreiche Dokumente, Urkunden und Siegel künden von der Geschichte Mayens. Ein Modell zeigt die Stadt um 1800.

Bürgerliche Kultur und Kunst: Kunstwerke (auch Volkskunst) von der Spätromanik bis zur Neuzeit. Ein Wohnzimmer aus der Biedermeierzeit gibt Aufschluß über die Wohnkultur einer wohlhabenden Familie zu Anfang des 19. Jhs.

Alljährlich im Juni/Juli finden auf der Genovevaburg Burgfestspiele statt.

🛈 Altes Rathaus am Markt, Tel. 0 26 51/ 8 82 60

Andernach, Daun.

„Keupen“; „Zur Traube“; „Maifelder Hof“; „Schloßhotel“ (Nettetal).

„Zur Stadt Koblenz“; „Hammes Mühle“ (Nettetal).

⚠ Auf dem Knüppchen.

beh. Gartenbad mit 140 m langer Wasserrutschbahn.

AUSFLUG

Lohnend ist ein Ausflug zum 5 km entfernten **Schloß Bürresheim* im Nettetal (s. S. 51). Die im 12. Jahrhundert auf einem Felsen an der Einmündung der Nitz-, Fraubach- und Welschenbachtäler in das Nettetal erbaute Burg war lange Zeit im Besitz des Erzbischofs von Köln. Im 17. und 18. Jh. wurde sie im Barockstil umgebaut. Die erhaltene Anlage mit ihrer ausgezeichneten Einrichtung vermittelt dem Besucher einen Einblick in die Wohnkultur des 15. bis 18. Jhs.

Schloß Bürresheim

Wittlich

Die Kreisstadt Wittlich (165 m, 16 400 Einw.) liegt im fruchtbaren Liesertal, an den südlichen Ausläufern der Eifel.

GESCHICHTE

Die ersten Siedler dieses sich durch ein besonders mildes Klima auszeichnenden Gebietes waren die Kelten (u. a. Fliehburg auf dem nahen Tempelkopf). Ihnen folgten die Römer im Zug der Eroberung Galliens durch Cäsar. Sie machten den Platz zum Kreuzungspunkt wichtiger Heerstraßen. An dieser Stelle entstand im 1. Jh. die Stadt Vitelliacum, so genannt nach dem römischen Kaiser Aulus Vitellius (daraus entwickelte sich dann Wittlich). Ein vermögender Römer (vermutlich aus der nahen Kaiserresidenz Trier) baute hier eine luxuriöse *villa rustica* am Ufer der Lieser.

Die Anfang dieses Jahrhunderts entdeckte Anlage überrascht durch ihre Großzügigkeit. Ein Modell davon befindet sich im Landesmuseum Trier.

Erstmals wird Wittlich 1065 urkundlich erwähnt. Durch Rudolf von Habsburg erhält der Ort 1291 die Stadtrechte. Die Christianisierung hatte nach dem Einfall der Franken (404) und der Verdrängung der Römer eingesetzt. 1317 wird Wittlich nach der Vollendung der Stadtbefestigung Vorort eines der größten kurtrierischen Ämter (rd. 50 Ortschaften). Reste der Stadtbefestigung sind heute noch erhalten.

Häufig residieren hier die geistlichen und weltlichen Herrscher von Trier. Kurfürst Otto von Ziegenhain vollendet 1422 den Wiederaufbau der zerstörten Burg Ottenstein, in der sich häufig zur Jagd die Erzbischöfe aufhielten. Viele verheerende Brände und die Plünderungen durch die Truppen Ludwigs XIV. von Frankreich fügten der Stadt schwere Schäden zu. An der Stelle der ebenfalls wieder zerstörten Burg läßt 1763 Kurfürst Philipp von Waldersdorff ein barockes Jagdschloß erbauen (1804 niedergerissen).

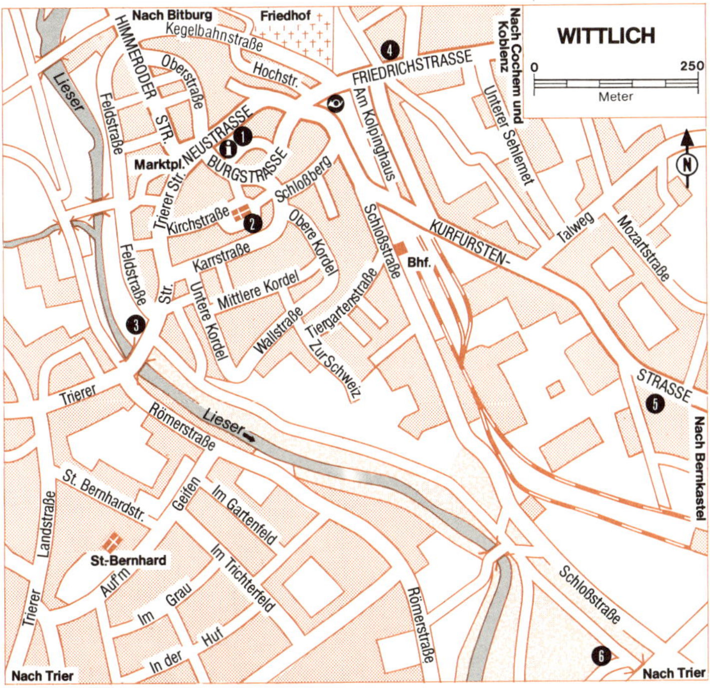

Altes Rathaus

Die gegenüber dem neuen Gedankengut aufgeschlossenen Wittlicher Bürger lehnen sich 1848 gegen die (seit 1815) preußische Herrschaft auf und beteiligen sich 1849 an dem Sturm auf das Zeughaus in Prüm. Im ausgehenden Zweiten Weltkrieg ist die Stadt Ziel schwerer Bombenangriffe.

Heute ist die Kreisstadt ein wirtschaftlicher und kultureller Schwerpunkt zwischen Koblenz und Trier. Aufgrund des besonders milden Klimas wächst in der Wittlicher Senke nicht nur ein guter Wein, hier gibt es auch das einzige größere Tabakanbaugebiet des Rheinlands.

Berühmt ist die allsommerlich stattfindende *Säubrennerkirmes* (3. Wochenende im August). Der Brauch geht auf eine legendäre Begebenheit zurück: Nach einer langen Belagerungszeit gelang 1397 Ritter Friedrich von Ehrenburg endlich doch der Einbruch in die befestigte Stadt weil eine umherstreunende Sau die Rübe abknabberte, mit der ein unachtsamer Wächter das Stadttor verriegelt hatte. Die wütenden Stadtväter beschlossen daraufhin, zur Strafe alle Schweine zusammenzutreiben und öffentlich zu verbrennen. Im Rahmen der Säubrennerkirmes werden heute über 100 Schweine am Spieß gebraten.

SEHENSWÜRDIGKEITEN

Am reizvollen *historischen Marktplatz,* dem Mittelpunkt der wohlhabenden Kreisstadt, steht das zweigeschossige barocke

Alte Rathaus [1], heute *Städtische Galerie.* Es wurde um 1650 unter Kurfürst Karl Kaspar v. d. Leyen erbaut und 1922 erweitert. Im Treppenhaus vier große moderne *Glasfenster von Professor Georg Meistermann aus Köln zum Gedenken an die Toten des Zweiten Weltkrieges. Dargestellt sind die Apokalyptischen Reiter.

Bevor man den Marktplatz verläßt, sollte man noch einmal die *schönen Bürgerhäuser,* die meisten aus dem späten 17. Jh. und aus der Barockzeit, betrachten, so die ehemalige Posthalterei und das Renaissancehaus „Zum Wolf".

Auch in der Karrstraße befinden sich weitere gut restaurierte Bürgerhäuser.

In der Kirchstraße steht

St. Markus [2]. Die frühbarocke dreischiffige Hallenkirche wurde Anfang des 18. Jhs. gebaut. Der mächtige Glockenturm mit dem geschweiften Schieferdach wurde später angefügt.

Man sollte nicht achtlos am

Säubrenner-Brunnen [3] in der Trierer Straße vorübergehen. Er wurde 1967 nach den Entwürfen des Wittlicher Bildhauerehepaars dell'Antonio-Kunsmann gebaut.

Nicht allzu weit ist es bis zum

Burgtor [4]. Hier sollte man vor allem die noch erhaltene Fratze beachten, deren Schnauze als Guckloch für den Torwächter diente.

Im Stadtteil östlich der Eisenbahn steht das

Kreishaus Bernkastel-Wittlich [5] an der Kurfürstenstraße.

Am Ufer der Lieser befinden sich die Fundamente der weiträumigen

Römervilla [6], zu Beginn dieses Jahrhunderts entdeckt und ausgegraben (im durch die Autobahn Koblenz–Trier angeschnittenen Gelände). Die Villa wurde der Öffentlichkeit zugänglich gemacht.

Vorbildlich ausgeschilderte Wanderwege führen in die Umgebung Wittlichs.

🛈 Verkehrsverein im Rathaus, Tel. 0 65 71/40 86

Stichbahn nach Wengerohr an der Strecke Koblenz – Trier.

Daun, Gerolstein, Bernkastel – Kues.

„Well"; „Felsenburg"; „Apart-Hotel Wittlich"; „Lindenhof".

„Zur Post"; „Wittlicher Hof".

Route 1: **Köln – *Bad Münstereifel – Blankenheim – Bitburg – **Trier (167 km)

Man verläßt die Domstadt ***Köln* (s. Polyglott-Reiseführer „Köln") auf der Bundestraße B 51 (E 42). Die Straße folgt im großen und ganzen der ehemaligen römischen Heerstraße, die Köln und Trier, die beiden Statthaltersitze Niedergermaniens, verband. Sie verläuft durch leicht gewelltes Vorland in südlicher Richtung auf die Eifel zu.

In der Niederung der Erft erreicht man zunächst die Kreisstadt

Euskirchen (47 700 Einw., 165 m), 37 km. Die Stadt ist heute Sitz zahlreicher Behörden sowie schulischer Einrichtungen für das umliegende ländliche Gebiet.

Sehenswert sind die romanische *Martinskirche* (12. Jh.) mit den gotisch umgebauten Gewölben und Seitenschiffen sowie die Reste der *Stadtbefestigung* (14. Jh.).

In der Nähe des Ortes liegen die *Wasserburg Veynau,* die Ruine *Hardtburg* und *Burg Satvey* (Mai/Juni Ritterspiele). Lohnend ist auch eine Wanderung zur *Steinbachtalsperre* mit Freibad (s. S. 42).

Hinter Euskirchen weisen Schilder auf die Ausgrabungen aus vier Jahrhunderten westrheinischer Römerzeit hin. Beim Ort *Billig* konnte die Siedlung Belgica nachgewiesen werden, die ursprünglich nur ein Ausspann war. Die Römer legten am Rand ihrer Heerstraßen im Abstand damaliger Tagesdistanzen diese Wirtshäuser an. Hier konnte der Reisende übernachten und auch seine Pferde wechseln. Bald siedelten sich in der unmittelbaren Nachbarschaft eines solchen Ausspanns Handwerker und Kaufleute an, mehrere *villae rusticae* (Landgüter) entstanden.

Belgica war Knotenpunkt wichtiger Fernstraßen, so zum Legionslager *Bonna* (heute Bonn) und *Tolbiacum* (heute Zülpich). In Belgica hatten die „Benefizianer", eine berühmte Legionärshundertschaft, ihren Standort. Sie waren für die Sicherheit der Reichsstraßen zuständig. Häufig wurden diese Legionäre, nachdem sie den Dienst beim Heer beendet hatten, in diesem fruchtbaren Gebiet seßhaft.

Wenige Autominuten weiter, in *Kreuzweingarten,* legten Archäologen eine komfortable römische villa rustica frei. Allein der Haupttrakt ist 60 m lang; im mehrräumigen Badetrakt fand man einen Heißwasserkessel, eine Warmwasserwanne, Reste eines Dampfbades und die Fundamente des Abschwitzraums. Mehrere Räume hatten eine Fußbodenheizung. Frisches Wasser lieferten die nahen Quellen am Berghang. Durch ein System von Röhren wurde es in das Badehaus geleitet. Die Abwässer leitete man in die nahe Erft ab. In zwei Räumen fand man wundervolle Mosaikfußböden (4,7 x 7,2 m). Sie befinden sich heute im Bonner Landesmuseum.

Nicht weit ist es von Billig zu den Wasserburgen Kirspenich und Arloff. Die gut erhaltene Burg *Kirspenich* liegt auf einer kleinen Insel. Neben dem gotischen Wohnturm ist das barocke Wohnhaus bemerkenswert.

Von Billig aus lohnt ein Abstecher zum östlich des Ortes gelegenen Teilstück des fast 80 Kilometer langen *Römerkanals* (Hinweisschilder). Dieser Kanal, der die Stadt *Colonia* (heute Köln) mit Wasser versorgte, gilt als eines der bedeutendsten römischen Bauwerke dieser Gegend und ist eine technisch außergewöhnliche Leistung, da hier das natürliche Gefälle des Geländes geschickt ausgenutzt wurde.

Lohnend ist auch die Besichtigung einer sehr gut erhaltenen römischen Kalkbrennerei bei *Iversheim.* In sechs Öfen wurden monatlich bis zu 4000 Zentner Baukalk gebrannt. In dieser Gegend bauten

Bad Münstereifel, Rathaus

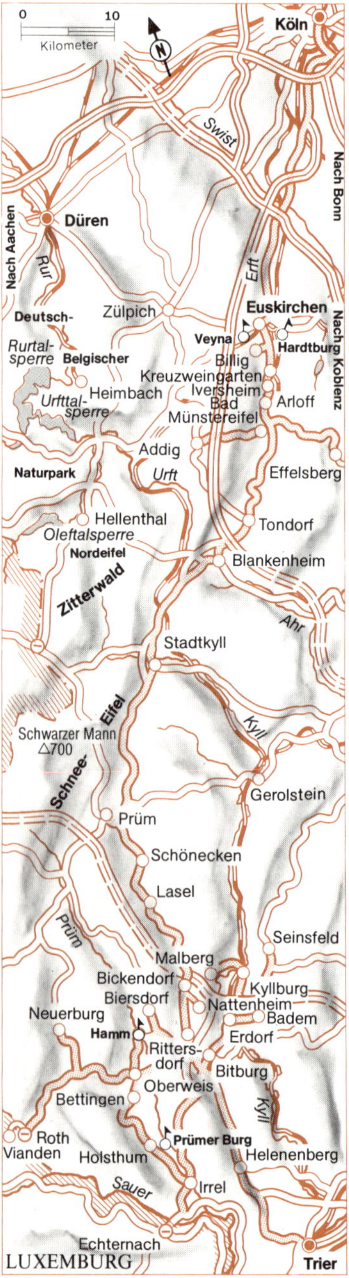

die Römer Kupfer-, Zink- und Bleierze ab.

Wenige Kilometer hinter Iversheim erreicht die B 51 den Kurort

***Bad Münstereifel** (300–590 m, 16 000 Einw.), 49 km. Der Ort ist heute ein bekanntes Kneipp-Heilbad mit modernsten Kureinrichtungen. Er liegt an der Erft, umgeben von den bewaldeten Höhenzügen der Eifel. Bad Münstereifel gilt neben Rothenburg ob der Tauber als eine der besterhaltenen mittelalterlichen Städte Deutschlands.

Den Ursprung der Stadt bildete ein um 830 gegründetes Benediktinerkloster. Die heute noch fast vollständig vorhandene *Stadtmauer* wurde im 13. Jh. im Auftrag der Grafen von Jülich erbaut. Im Mittelalter gab es in Bad Münstereifel viele Tuchwebereien. Durch das Webereigewerbe gelangten der Ort und seine Bewohner zu großem Reichtum. Ausdruck dieses Wohlstandes sind die heute noch gut erhaltenen Fachwerkhäuser.

Der Ort wird überragt von einer *Burgruine* (13. Jh.); die Burg wurde auch im Auftrag der Grafen von Jülich erbaut. Für einen Gang durch die verwinkelten Gassen sollte man sich etwas Zeit nehmen, um sich von dem mittelalterlichen Stadtbild einfangen zu lassen. Die vielen Brücken, welche die Erft überspannen, runden den romantischen Eindruck dieses Ortes ab. Sehenswert ist, außer den wuchtigen vier Toren der Stadtmauer mit insgesamt 17 Türmen, auch das *Windeckhaus* an der Ordelheimer Straße. Dieses schmucke Bürgerhaus wurde 1644 bis 1664 erbaut und zählt zu den schönsten Häusern des Rheinlandes.

Von der 830 erbauten ehemaligen *Benediktiner-Klosterkirche* – einer Gründung der Abtei Prüm (s. S. 36) – ist nur noch der Kern (Krypta mit Tonnengewölbe) erhalten. Der Grundriß der Stiftskirche geht auf Pläne aus dem 11. Jh. zurück. Bemerkenswert ist bei diesem Bauwerk, daß die dreischiffige Pfeilerbasilika durch einen halbrunden Langchor abgeschlossen wird. Um 1180 wurde dann der frühromanische Bau mit einer Kuppel eingewölbt.

Im Innern sind vor allem die romanischen Inschriften auf der südlichen Empore von Bedeutung, die auf die Neueinweihung eines Altars hinweisen. Außerdem sind in der Kirche das Grab der Kirchenpatrone Chrysanthus und Daria sowie das Sakramentshäuschen, das Grab von Gottfried von Bergheim, der Tauf-

Radioteleskop Effelsberg

stein und die aus Holz geschnitzte Muttergottes sehenswert.

Das stilreine gotische *Rathaus* in der Marktstraße entstand im 14. und 16. Jh. Die Jesuitenkirche *St. Donatus* hat eher Elemente der Renaissance, die im 17. Jh. gern verwendet wurden. Das *St.-Michael-Gymnasium* geht auf eine Jesuitengründung aus dem Jahr 1652 zurück. Es ist das älteste Gymnasium in der Eifel und besitzt überdies die umfangreichste Schulbücherei (18 000 Bände) des Rheinlandes.

Abschließend lohnt sich der Besuch des *Heimatmuseums* im Romanischen Haus (ältestes Steinhaus des Rheinlandes, 1167).

ⓘ Kur- und Fremdenverkehrsamt, Marktstraße 11, Tel. 0 22 53/50 51 82.

Köln, Bonn, Euskirchen.

„Park-Hotel"; „Städtisches Kneipp-Kurhaus".

„Kneipp-Kurhaus Tanneck"; „Witten"; „Grunwald".

„Haus am Michelsberg"; „Oberfallmühle" (in M.-Eicherscheid).

Bad Münstereifel-Rodert.

Eifelbad.

Die schöne waldreiche Umgebung des hübschen Städtchens verlockt zu Wanderungen. In jedem Fall lohnt sich der Besuch des 12 km entfernten **Radioteleskops Effelsberg* mit einer Richtantenne für radioastronomische Zwecke (100 m Durchmesser). Nahe *Pesch* an der Straße Bad Münstereifel–Kall liegt nach 7,5 km auf der Anhöhe *Addig* mitten im Wald ein römischer Tempel, der im Volksmund *Heidentempel* genannt wird und den Aufanischen Matronen (keltische Muttergöttinnen) geweiht war. Das Original des Weihesteins befindet sich im Landesmuseum Bonn.

Bei *Vussem,* nur wenige Kilometer vom Pescher Tempel entfernt, überspannt ein 75 m langer Aquädukt das Veybachtal. Er ist ein weiterer Rest der auf Seite 33 beschriebenen Wasserleitung. Noch jahrhundertelang nach dem Abzug der Römer (Anfang 5. Jh.) blieb dieses Bauwerk unangetastet, bis es im Mittelalter zum Teil abgebrochen wurde, um Baumaterial für Kirchen, Klöster und Burgen zu liefern.

Die B 51 folgt jetzt dem Tal der Erft, verläuft am Rand des Naturparks Nordeifel (s. S. 18) und führt über *Holzmühlheim* (Quelle der Erft links an der Straße) zur Hochfläche über Buir und Tondorf nach

Blankenheim (566 m, 8500 Einw.), 69 km, einem kleinen beliebten Kurort an der Quelle der Ahr, der von der trutzigen Burg (12. Jh.) überragt wird. Die mittelalterliche Burg war Stammsitz der Grafen von Blankenheim, die bis zur Französischen Revolution eines der größten und einflußreichsten Herrschaftsgeschlechter in der Eifel waren. Der Graf von Manderscheid-Blankenheim ist bekannt wegen seiner hier gegründeten Bibliothek und Antiquitätensammlung. Beides wurde zum größten Teil von dem Kölner Kanonikus Wallraf vor den französischen Revolutionstruppen gerettet. Der Ort hat bis heute seinen mittelalterlichen Charakter bewahrt.

Sehenswert sind die *Burg,* die nach ihrer Zerstörung 1927 nach den alten Plänen neu aufgebaut wurde und heute als Ju-

Blankenheim, Kirche und Burg

gendherberge dient, sowie die gotische *Pfarrkirche* (1495–1501). Im Innern ist das Netzgewölbe beachtenswert. Weitere Sehenswürdigkeiten sind das *Kreisheimatmuseum* und die *Ahrquelle* auf dem Steinpütz.

Von Blankenheim aus lassen sich viele lohnende Wanderungen unternehmen.

ⓘ Verkehrsbüro, im Rathaus.

🚌 Trier, Köln.

🏨 „Kölner Hof"; „Schloßblick".

⌂ „Finkenberg" ; „Breuer".

⚠ In der Burg.

⛺ Blankenheim, Ahrdorf und am Freilinger See.

Hinter Blankenheim überquert die B 51 den auf dem Hohen Venn entspringenden Fluß Kyll und erreicht dann *Stadtkyll.* Mehrere Großbrände vernichteten sowohl die Burg als auch die Stadtmauer, Zeugen einer fast tausendjährigen Geschichte, total. Heute gilt die kleine Gemeinde als ruhiger Erholungsort mit vielen Wandermöglichkeiten.

Die Straße zieht sich jetzt am Rand der östlichen Schnee-Eifel entlang, deren höchster Punkt der *Schwarze Mann* (700 m) ist. Hier hat sich in den letzten Jahren ein Skigebiet entwickelt. Kurz darauf erreicht man

Prüm (450 m, 6400 Einw.), 107 km. Der Ort ist ein beliebter Luftkurort und Wintersportplatz. Die *Benediktinerabtei* wurde 721 von der Karolingerin Bertrada (s. S. 11) gegründet und 752 unter König Pippin vergrößert. Die Abtei zählte im Mittelalter aufgrund ihres ausgedehnten Grundbesitzes an Rhein und Maas sowie in anderen Gebieten zu einem der reichsten Klöster der Eifel. Im Mittelalter besaß das Kloster zwei Schulen und eine bedeutende Bibliothek. Zeitweise lebten ungefähr 200 Benediktinermönche in Prüm. Einer der bedeutendsten von ihnen war Abt Regino, der sich als Geschichtsschreiber am Anfang des 10. Jhs. einen Namen machte. Ihre größte Blüte erreichte die Abtei unter Abt Gerardus von Vianden (1185–1212). Als Reichsabtei und Hauptort eines kleinen Territoriums besaß sie Sitz und Stimme auf den Reichstagen. Nach dem Tod des Abtes Christoph von Manderscheid kam das seit 1232 selbständige Fürstentum Prüm 1576 zum Kurfürstentum Trier. Vom 16. Jh. an waren die Erzbischöfe von Trier auch Äbte dieser Reichsabtei. Im 18. Jahrhundert wurden die Klostergebäude von J. Seitz und Balthasar Neumann neu errichtet. 1802 wurde die Abtei von den Franzosen säkularisiert. Prüm wurde Mittelpunkt eines französischen Arondissements, später dann – nach dem Abzug der Franzosen – preußische Kreisstadt (bis 1971). Seit 1852 ist in den ehemaligen Klostergebäuden ein Gymnasium untergebracht.

Prüm, Salvatorbasilika

Zu den Sehenswürdigkeiten gehört die

*****Salvatorbasilika,* die 1721–1730 von Johann Georg Judas an der Stelle der gotischen Klosterkirche erbaut wurde. Den ältesten Kirchenbau hatte 799 Papst Leo III. eingeweiht. Die zweitürmige St.-Salvator-Kirche mit barocker Fassade und gotisierendem Innern besitzt eine prächtige Inneneinrichtung (Renaissance-Kanzel, barocker Hochaltar und Chorgestühl). Der *Reliquienschrein* vor dem Hochaltar enthält Reste der Sandalen Christi, eine Gabe des Papstes Zacharias an König Pippin (762) für das Kloster Prüm. Der Sarkophag, mit den Gebeinen Kaiser Lothars I. (gest. 855), wurde 1878 von Kaiser Wilhelm gestiftet.

ⓘ Verkehrsamt, Tel. 0 65 51/5 05.

🚌 Nächste Bahnstation Gerolstein (an der Strecke Köln–Trier).

🏨 „Haus am Kurpark"; „Tannenhof"; „Zum Goldenen Stern".

⌂ „Bäckerkläsjen"; „Wenzelbach"; „St. Wendel"; „Burgfrieden"; „Goldener Stern".

⚠ Am Pferdemarkt.

⛺ Am Freischwimmbad.

Über *Schönecken* (Ruine einer einst mächtigen Burg aus dem 13. Jh.; s. S. 38) steigt die B 51 leicht an und erreicht Bikkendorf.

Hier sollte man links von der B 51 abzweigen, um über *Nattenheim* zur **Villa rustica* bei *Otrang* zu gelangen. Von außergewöhnlicher Schönheit sind die dort freigelegten gut erhaltenen Mosaikfußböden mit Tierdarstellungen. Zu erkennen ist außerdem noch der Hauptbau mit Säulenhalle und den Nebenräumen (u. a. die Bäder).

Bei *Erdorf* überquert die Straße die Kyll und erreicht dann nach 6 km die kleine Stadt

Kyllburg (300–369 m, 1400 Einw.). Der Kneipp- und Luftkurort ist rund 11 km von Bitburg entfernt. Er liegt in einem der landschaftlich reizvollsten Winkel an der Kyll, im Kylltal, in der Kyllburger Waldeifel.

Erstmals wird das „castrum Kiliberg" um 800 zur Zeit der Frankenkönige im Zusammenhang mit einer Schenkung an die Abtei Prüm erwähnt. Ursprünglich stand hier eine Fliehburg. 1239 errichtete Erzbischof Theoderich von Trier eine Burg. 1256 erweitert. Zu dieser Zeit erhielt der Ort die Stadtrechte. Später kam es zu Streitigkeiten zwischen den Grafen von Luxemburg und der Abtei Prüm. 1256 wurden die Unstimmigkeiten beigelegt.

Der *Bergfried* steht noch. Die älteren Wohnbauten sind dem 18. Jh. zuzuschreiben. Die Stadtrechte Kyllburgs, das lange Sitz eines kurtrierischen Amtes war, gingen in der Französischen Revolution verloren. Sie wurden erst 1956 wieder zurückgegeben.

Eines der interessantesten Beispiele mittelalterlicher Privilegien (Gerechtsame) ist das Hochgerichts-Schöffenweistum zu Kyllburg aus dem Jahr 1256. Dieser Erlaß wird Erzbischof Arnold zugeschrieben. In ihm werden Angelegenheiten des bürgerlichen Lebens geregelt. So waren z. B. gleich nach dem Burgherrn die Wirte vom Gemeindebäcker zu beliefern. Damit war geregelt, daß Fremde zuerst etwas zu essen bekamen, und erst nach ihnen Burgleute und Bürger. Adlige und Bürger hatten vor den vielen Wallfahrern zurückzustehen, die zum Gnadenbild „Unserer Lieben Frau von Kyllburg" kamen. Durch den Wiener Kongreß kam mit allen ehemals kurtrierischen Gebieten auch Kyllburg an Preußen.

Sehenswert ist der quadratisch angelegte, gut erhaltene **Kreuzgang der Stiftskirche*, einer der schönsten zwischen Mosel und Rhein. Die drei gotischen Fenster im Hauptchor sind noch die *Originalglasmalereien*, die im 16. Jh. eingebaut wurden. Sie stellen ein Meisterwerk der Renaissance dar.

ⓘ Kurverwaltung, Hochstr. 19, Tel. 0 65 63/20 07.

🚌 Köln, Trier.

🏨 „Berghotel Rink" (in Malberg).

🏨 „Eifeler Hof".

Bei genügend Zeit sollte man sich unbedingt von Kyllburg aus nach *Malberg* (1 km) begeben. Der kleine Ort an der Kyllschleife wird von einer Burg überragt.

Die Herren von Malberg (1068 erstmals erwähnt) verfügten im Mittelalter über ausgedehnten Landbesitz und bauten hier auf der Bergkuppe eine Burg. Vermutlich gab es an diesem Platz auch einmal eine Gerichtsstätte. Nach 1579 waren die Grafen Manderscheid-Schleiden Burgbesitzer; von 1591 bis 1597 entstand das neue Schloß (der heutige Altbau), ein einfacher, rechteckiger, viergeschossiger Bau. Im 17. Jh. erwarb die bürgerliche Familie Veyder den Komplex. Johann Werner von Veyder, Weihbischof von Köln, ließ 1710 das neue Schloß errichten.

Kyllburg, Kreuzgang der Stiftskirche

Um den quadratischen Schloßhof zu erreichen, muß man durch das eiserne Tor (mit Wappen und Maske verziert) und durch den „Eisernen Garten" gehen, der 1713 angelegt wurde.

Von Kyllburg aus gelangt man auf der Nebenstraße Richtung Oberkail an die Kreuzung der B 257 nach Daun. Folgt man dieser Hauptstraße in nördlicher Richtung, so erreicht man nach wenigen Kilometern das Dorf *Seinsfeld.* Etwas abseits vom Durchgangsverkehr gelegen, kommt man hier zu einer der wenigen gut erhaltenen Wasserburgen. Gegen Ende des 17. Jhs. wurde sie um den quadratischen Turm und einen kleineren Treppenturm zu einem herrschaftlichen Wehrgutshof umgestaltet. Die kreisrunde Wehranlage ist noch heute von einem Wassergraben umgeben.

Von Seinsfeld fährt man die B 257 zurück und erreicht nach 16 km

Bitburg (320 m, 12 000 Einw.), 139 km. Schon lange vor der römischen Zeit gab es hier eine keltische Siedlung. Gelegen auf der Hochfläche zwischen Nims und Kyll ist die Stadt mit ihren zahlreichen Behörden, Schulen, Industrie- und Gewerbeunternehmen jetzt Verwaltungssitz für den Kreis Bitburg-Prüm. Bitburg wurde gegen Ende des letzten Weltkrieges fast völlig zerstört. Nach ihrem Wiederaufbau erlebte die Stadt einen wirtschaftlichen Aufschwung.

Die römische Süd-Nord-Reichsstraße von der Rhône über Metz, Trier nach Köln und zum Niederrhein führte mitten durch das in der zweiten Hälfte des 3. Jhs. errichtete starke Straßenkastell (Beda vicus); es stellte zugleich auch den ersten Rastort von Trier aus (30 km) dar. Von der 3,8 m starken Mauerbewehrung mit 13 Rundtürmen ist heute noch eine Reihe großer Stümpfe vorhanden. Sie boten sich als Fundament für neue Bauten (u. a. Ratshochhaus) an.

Bitburg wurde nach der Römerzeit (bis Mitte des 5. Jhs.) Hauptort des fränkischen Beda- oder Bidgaues. Hier gab es eine villa regia, einen Königshof fränkischer Könige. 965 erhielt Bitburg die Stadtrechte. Der Ort erlebte häufigen Besitzerwechsel: Luxemburg, Burgund, Spanien, Österreich. 1794 kamen die Franzosen; nach 1814 wurde Bitburg preußisch. Heute ist der Ort beliebter Ausgangspunkt des Fremdenverkehrs in der Südeifel.

Der *Cobenturm,* einer der verbliebenen römischen Rundtürme an der Stadtmau-

Burg Schönecken

er, wurde in den Neubau des Gymnasiums einbezogen. Sehenswert sind die gut erhaltene *Stadtmauer* (40 m lang, 4 m hoch) und die spätgotische *Liebfrauenkirche* (15. Jh.). An das Mittelschiff wurde im 16. Jh. das südliche Seitenschiff und im 19. Jh. das nördliche Seitenschiff angefügt. Bei einem Gang durch den Ort sollte man auch den originellen *Bierbrunnen* beachten, aus dessen Kupferröhren bei festlichen Anlässen Bitburger Pils fließt.

ℹ Verkehrsbüro Bitburger Land, Postfach 222, Bedastr. 11, Tel. 0 65 61/89 34 u. 89 35.

🚉 Bahnstation Bitburg–Erdorf an der Strecke Köln–Trier.

⌂⌂⌂ „Dorint Sporthotel Südeifel" (am Stausee).

⌂⌂ „Eifelbräu"; „Waldhaus Eifel" (in Gondorf); „Zum Alten Brauhaus" (in Dudeldorf).

⌂ „Müller"; Zur „Wisselbach" (in Rittersdorf); „Zur Post" (in Wolsfeld); „Zur schönen Aussicht" (in Gondorf).

10 km östlich von Bitburg lädt der **Eifelpark Gondorf* (u. a. Bergwildpark, Transmobilbahn, über 600 m lange Rutschbahnen; geöffnet Ostern bis Ende Okt. tägl. 9–18 Uhr) zu einem Besuch ein. 12 km nordwestlich der Stadt liegt bei *Biersdorf* ein Stausee mit einem großen Ferienzentrum (Bungalows und Aparthotel). Zum reichhaltigen Freizeit- und Sportangebot zählen hier Reiten, Tennis, Planwagenfahrten, Angeln, Segeln und Surfen.

Vom *Freizeitzentrum am Stausee* aus führt eine gute Straße zu dem sich im Westen anschließenden Deutsch-Luxemburgischen Naturpark *Südeifel* (s. S. 18).

Von hier ist es nicht mehr weit bis zum lieblichen Enztal in der Südwesteifel und dem alten Städtchen

Neuerburg (350 m, 1800 Einw.). Der hübsche Luftkurort liegt 23 km von Bitburg entfernt. Mitten aus der Talschlucht ragt steil der Berg mit der trutzigen *Burg* (12./13. Jh.) empor. Im 16. Jh. wurde dieses Bauwerk noch einmal verstärkt. 1692 wurde die Burg von den Franzosen zerstört und 1794 zum Abbruch verkauft.

Erhalten blieben der *Rittersaal* und die Torburg sowie mehrere sorgfältig restaurierte Teile der Gesamtanlage. Sehenswert ist auch die zweischiffige gotische Pfarrkirche *St. Nikolaus*. Im Innern fallen die reichen Stern- und Netzgewölbe auf. Der Glockenturm war Bestandteil des Burgrings.

ℹ Städtisches Verkehrsamt, Herrenstr. 2, Tel. 0 65 64/20 17.

🚌 Bitburg, Trier, Prüm, Vianden.

⌂ „Berghof"; „Schloßhotel"; „Kölner Hof"; „Zur Stadt Neuerburg".

⛺ (in der Burg).

⛺ (mit beh. Freibad).

Empfehlenswert ist von Neuerburg ein Ausflug in das nahe Luxemburg.

Nach 7 km Fahrt durch das malerische Enztal biegt man in die B 50 ein und erreicht nach rund 13 km am Grenzflüßchen Our/Ur und jenseits der Grenze

Vianden (230–510 m, 1600 Einw.), einen der schönstgelegenen Ausflugsorte des Großherzogtums. Er wird überragt von der mächtigen ***Hofburg* (Ursprung 9. Jh.) der Grafen von Vianden. Die als künstlerisches Bauwerk ersten Ranges bezeichnete Feste wurde Stammsitz des Hauses Oranien-Nassau (somit des niederländischen Königshauses). Beachtlich sind die 1248 erbaute zweischiffige *Pfarrkirche* und das ehemalige (restaurierte) *Trinitarier-Kloster* (gotischer Kreuzgang), in dem heute ein Altersheim untergebracht ist. Von den *Wallanlagen* sind noch Mauern und Türme erhalten.

Schloß Vianden

Durch die Wälder schlängelt sich die B 50 über Vianden nach Bitburg zurück. Auf der neuen Schnellstraße B 257 (E 42) erreicht man nach 20 km den deutschen Grenzposten Echternacherbrück und gelangt kurz danach über die Sauer ins luxemburgische

Echternach (175 m, 3500 Einw.), ein bedeutendes Freizeitzentrum im deutsch-luxemburgischen Naturpark mit viel Wald, schroffen Felspartien, Wasserfällen und herrlichen Wanderwegen. Patrizierhäuser, winklige Gassen und die Reste einer Stadtmauer lassen noch viel von dem mittelalterlichen Gesicht dieser ältesten Stadt des *Lützelburger Ländchens* erkennen. Auch heute bestimmt die berühmte, im Jahr 698 vom heiligen Willibrord gegründete **Benediktinerabtei* mit ihrer ursprünglich romanischen Kirche das Stadtbild. Die Abtei wurde zwischen 1031 und 1250 umgebaut und von 1728 bis 1731 zu jenem Komplex erweitert, wie er sich heute dem Besucher zeigt. Berühmt ist die *Springprozession,* welche an jedem Pfingstdienstag stattfindet (etwa 30 000 Pilger). Vom 15. Juni bis 15. Juli ist Echternach Schauplatz eines internationalen Festivals klassischer Musik.

🚌 Bitburg, Diekirch, Trier.

⌂⌂ „Bel Air"; „Grand Hôtel"; „Du Parc".

⌂ „Du Commerce"; „Des Ardennes"; „St-Hubert".

⛺ – ⛺.

Auf der Rückfahrt nach Bitburg sollte man in Irrel von der B 257 abbiegen, um dem Tal der Prüm auf stark geschwungener Straße zu folgen. Man kommt dann durch *Prümzulay* (Ruine Prümer Burg, erstmals 801 erwähnt), *Holsthum* und *Bettingen* (mittelalterliche Burg) und erreicht an der B 50 *Oberweis*. Hier grub man im Jahre 1878 eine römische villa rustica (Mosaikboden im Trierer Museum) aus.

Von Bitburg aus führt die B 51, vorbei am Natoflugplatz (links), durch einen schönen Hochwald nach *Helenenberg* (14 km; einst Kloster, heute Erziehungsheim).

Weiter berührt die B 51 Schwarzkreuz, Hohe Sonne und Neuhaus und erreicht dann nach vielen scharfen Kurven das Moseltal, Trier-Pallien und damit die alte römische Kaiserstadt ***Trier* (Stadtbeschreibung s. Polyglott-Reiseführer „Mosel").

Route 2: **Aachen – Eschweiler – Nideggen – Zülpich – Rheinbach – Bad Neuenahr – Sinzig (135 km)

Man verläßt ***Aachen* (s. S. 21) in südöstlicher Richtung auf der B 258 und erreicht nach 10 km das nach Aachen eingemeindete

Kornelimünster (225 m, 3100 Einw.). Das *Kloster* und die *Kirche* wurden 814 von Benedikt von Ariane, Berater Kaiser Ludwigs des Frommen und Erneuerer des Benediktinerordens in Frankreich, gegründet. Kaiser Ludwig schenkte dem Kloster aus dem Reliquienschatz Karls des Großen drei biblische Heiligtümer (Grabtuch, Schweißtuch, Schürztuch Christi), die bis heute gleichzeitig mit der Aachener Heiligtumsfahrt alle sieben Jahre gezeigt werden. Um 880 erhielt das Kloster die Schädelreliquie des hl. Kornelius, daher der heutige Name Kornelimünster. 1310 begann man mit dem Bau der gotischen Probsteikirche. Der barokke Abteitrakt wurde 1728 vollendet. Sehenswert sind u. a. die Deckenmalereien und Stuckarbeiten der Barockräume sowie in der Kirche der Annaaltar (1501). Die Route führt entlang dem Nordwesthang der Eifel nach

Stolberg (160–483 m, 59 000 Einw.), 16 km, das im Tal der im Hohen Venn entspringenden Inde liegt. Hier betrieben schon die Römer Erzbergbau. In jüngerer Zeit siedelten sich die unterschiedlichsten Industrien an, darunter Glashütten, Spinnereien und pharmazeutische Unternehmen sowie eine Messing- und Nadelindustrie von Weltruf. Erstmals urkundlich erwähnt wird Stolberg 1118; den für die heutige Bedeutung der Stadt entscheidenden wirtschaftlichen Aufschwung nahm Stolberg im 17. Jh., als zahlreiche aus dem katholischen Aachen vertriebene Protestanten zuzogen.

Sehenswert sind besonders die alten Kupfermeisterhöfe und die *Burg* aus dem 12. Jahrhundert, mit einem Herrenhaus und doppeltem Mauerring, Türmen und Bergfried. Im 19. Jh. restauriert, dient sie heute als Veranstaltungsort sowie als *Heimat-* und *Handwerksmuseum.*

ℹ Stadtverwaltung, Rathausstr. 11, Tel. 0 24 02/13-0.

🏨🏨 „Park-Hotel“.

🏨 „Zum Walde“; „Burgkeller“; „Central“; „Stadthalle“.

4 km von Stolberg entfernt liegt die Stadt

Eschweiler (160 m, 53 000 Einw.), 22 km, die sich gern Industrieort im Grünen nennt. 828 erwähnt Einhard, der Chronist Karls des Großen, den Ort Ascvilare, an dem die römische Heerstraße Köln –Aachen die Inde kreuzt. Die *Röthgener Wasserburg* mit dem teilweise erhaltenen Herrenhaus (15. Jh.) und der dreiflügeligen Vorburg wurde mehrmals erneuert. Im östlichen Stadtteil liegt das Schloß

Nothberg (15.–16. Jh.), ein typisches Beispiel für die Umgestaltung einer Wehranlage zum wohnlichen Herrensitz.

🛈 Stadtverwaltung, Rathausplatz 1.

🚗 Köln, Aachen.

🚌 Aachen, Alsdorf, Jülich, Düren, Stolberg.

🏨 „Parkhotel"; „Kaiserhof"; „Zur Indebrücke"; „Glücksburg"; „Im Schwan".

🏠 „Zum Fäßchen"; „Zur alten Barriere".

Auf guter Straße fährt man nun durch herrliche Wälder in südöstlicher Richtung über *Gressenich* (Naturpark Nordeifel s. S. 18) und *Schevenhütte* (im Wehbachtal entstand eine weitere Talsperre) nach *Kleinhau* im Hürtgenwald (große Soldatenfriedhöfe aus dem Zweiten Weltkrieg). Hinter Brandenberg verläuft die Straße in vielen Kehren hinunter ins Rurtal, nach

Nideggen (220–480 m, 8000 Einw.), 65 km. Hoch über dem Flußtal erhebt sich eine der mächtigsten Höhenburgen westlich des Mittelrheins. Das in den Mauerring (13. Jh.) einbezogene Städtchen, das sich zu einem beliebten Luftkurort entwickelt hat, zeigt mittelalterliches Gepräge: enge Gassen, Türme und Torburgen.

**Burg Nideggen* wurde vom Grafen Wilhelm II. von Jülich im 12. Jh. erbaut und war 300 Jahre lang Stammsitz der Grafen und späteren Herzöge von Jülich. Im 13. und 14. Jh. wurde sie zu einer starken Befestigungsanlage ausgebaut. Der Dreißigjährige Krieg, die Raubzüge unter

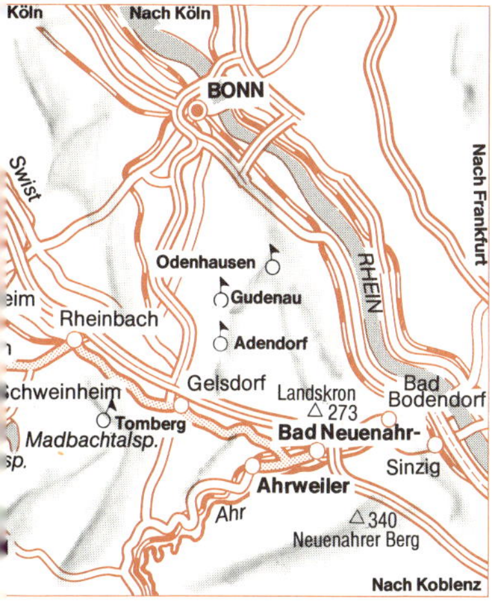

Nideggen, Nycktor

2

Franzosenkönig Ludwig XIV. und ein schweres Erdbeben fügten der Festung große Schäden zu.

Die Burg (110 m lang, 55 m breit) hat zur Land-(Ost-)Seite hin einen tiefen Graben mit einem wuchtigen Bergfried. Im Mittelalter galt die Anlage als unbezwingbar. Die Südseite der Ruine nimmt die Hauptburg mit 61 m Länge und 16 m Breite ein. Dazu gehören zwei Seitentürme, ein Mittelturm an der Außenseite und der Palas. Vom Burgrittersaal und Damenerker sowie vom Bergfried (mit Eifel-Burgen- und Stadtmuseum) der Burg hat man eine einmalige Fernsicht ins Tal und über das Eifelland.

Bemerkenswert ist die dreischiffige romanische *Kirche* (13. Jh.) mit einer schönen Empore, gotischen Wandmalereien im Chor und dem Grabstein des 1278 in Aachen erschlagenen Grafen Wilhelm IV. von Jülich.

Von der ehemaligen *Stadtbefestigung* sollte man sich noch das Dürener und das Zülpicher Tor ansehen. Auch die gut restaurierten Wohnhäuser aus dem 16., 17. und 18. Jahrhundert im Ort sind sehenswert.

Unterhalb Nideggen lockt das Rurtal mit seinen dichtbewaldeten Hängen und steilen Buntsandsteinfelsen zu Wanderungen. Bei *Obermaubach* (unterhalb Nideggen) wird die Rur in einem Becken aufgestaut. In *Untermaubach* (Sperrwerk) steht über dem Rurufer eine stattliche Burg, die im 14. bis 15. Jh. erbaut und im 17. bis 18. Jh. zum Herrensitz erweitert wurde. Sie ist heute im Besitz der Grafen von Spee.

Auskunft über empfehlenswerte Wanderwege erteilt der Eifel-Verein, O. G. Nideggen.

🛈 Stadtverwaltung, Zülpicher Str. 1, Tel. 0 24 27/4 35.

🚂 Bahnhof Nideggen/Brück an der Bahnstrecke Düren – Heimbach.

🏨 „Hetzinger Hof“; „Zum alten Fritz“.

🏠 „Zur Post“; „Ratskeller“; „Abendener Hof“.

⛺ Rather Straße.

⛺ Hetzingen, Freizeitzentrum (in Abenden).

Nach einer Fahrt über Berg und Wollersheim durch die waldreiche, hügelige Nordeifel erreicht man nach *Langendorf*

Zülpich (186 m, 17 500 Einw.), 79 km. Der mit Mauern und Türmen bewehrte mittelalterliche Ort konnte sein völlig geschlossenes Stadtbild erhalten.

Die ursprünglich vorrömische Siedlung gilt unter Archäologen als wahre Fundgrube. In römischer Zeit kreuzten sich in Tolbiacum (daraus Zülpich) die großen Heerstraßen: von Durocortorum (Reims) über Augusta Treverorum (Trier) nach Colonia Claudia Ara Agrippinensis (Köln) oder zum Niederrhein nach Novaesium (Neuss) und Castra vetera (Xanten). Streckenweise entsprechen ihnen heute die B 265 und B 477. Eine weitere Straße führte von Belgica (heute Billig) nach Bonn (etwa die Linie der heutigen B 56).

Dank seiner verkehrstechnischen Lage gelangte Zülpich in der ersten Hälfte des 14. Jhs. zu großer Bedeutung. Das ursprünglich römische Straßenkastell wurde mit starken Mauern und vier mächtigen Torburgen (nur *Weiertor* erhalten) bewehrt. Der mittelalterlich ummauerte Stadtkern weist heute noch die Form eines Sechsecks auf. Im Mittelalter war Zülpich als Grenzfestung zwischen den Kölner Erzbischöfen und dem Jülicher Grafen stark umkämpft.

Ein fast 2000 Jahre altes komplettes *Römerbad* wurde an dem Mühlenberg ausgegraben, eine öffentliche Anlage, die als Beweis für die hohe römische Badekultur gilt: Kaltwasser-, Warmwasser-, Heißwasser-, Schwitzbad und Warmlufträume. Unter den Fußböden befand sich die Heizanlage (hypokaustum) mit heißem Luftzug durch Hohlziegelwände.

Nach dem letzten Weltkrieg wurde Zülpich nach alten Plänen im mittelalterlichen Stil wiederaufgebaut. In der schönen Stadt gibt es jetzt eine Reihe von Gewerbebetrieben.

Sehenswert ist unter anderem die *Peterskirche* mit der Krypta (12. Jh.) und einem Antwerpener Schnitzaltar (15. Jh.).

ℹ Verkehrsamt, im Rathaus.

🚌 Bonn, Euskirchen, Düren.

🏨 „Europa“.

🏠 „Central“.

Von Zülpich aus zieht sich die B 56 über 12 Kilometer Flachland nach Euskirchen (Route 1) in östlicher Richtung hin. In ihrer Linienführung folgt sie der mittelalterlichen Krönungsstraße Aachen–Sinzig (Rhein)–Frankfurt. Einige Ortschaften, die am Rande dieser Straße liegen, sollen hier nur kurz aufgezählt werden: *Flamersheim, Kuchenheim, Weisesheim, Ringsheim* und *Schweinheim.* Verlokkend ist im Sommer ein Aufenthalt im waldumsäumten Naturschwimmbad *Steinbachtalsperre* (genügend Parkplätze, übliche Freizeiteinrichtungen). Von dieser Talsperre gelangt man über die mit ihr verbundene Madbachtalsperre durch dichte Wälder zu dem Städtchen

Rheinbach (170–410 m, 23 300 Einw.), 107 km. Diese Stadt mit ihren gepflegten malerischen Fachwerkbauten liegt am Rand des Naturparks Kottenforst-Ville. Im Jahr 762 wird sie erstmals urkundlich als Reginbach erwähnt. Nach den Zerstörungen durch den letzten Weltkrieg wurde auch hier der Ortskern nach den alten Plänen wieder aufgebaut.

Von der Anfang des 14. Jhs. erbauten Befestigung stehen noch ansehnliche Reste (fünf Türme). Sehenswert ist auch die spätgotische Kirche. Zum überraschend schnellen wirtschaftlichen Aufstieg des Ortes nach dem Zweiten Weltkrieg trugen die aus dem Sudetenland (Gablonz) vertriebenen Glasbläser bei. Im *Glasmuseum* sind ihre besten Arbeiten ausgestellt.

Als Freizeit- und Erholungsort wird Rheinbach gern von den Bewohnern des Ballungsgebietes Köln/Bonn aufgesucht.

Infolge der günstigen Lage bietet sich Rheinbach als Ausgangspunkt für viele Wanderungen sowohl in den nordöstlichen Teil der Eifel als auch zur Ahr und zum Rhein an.

Der Eifelwanderweg Nr. 10 verläuft über den Stadtteil Loch zur *Steinbachtalsperre* und von dort weiter nach dem Kurort Bad Münstereifel.

Kreuzberg an der Ahr erreicht man über Neukirchen und das landschaftlich überaus reizvolle Sahrbachtal.

Empfehlenswert ist auch die Wanderung zur Ruine Tomburg mit sehr schönen Ausblicken.

ⓘ Verkehrsamt, Schweigelstr. 21, Tel. 02226/81140.

Euskirchen, Bonn.

Bonn, Euskirchen, Ahrweiler, Bad Neuenahr.

„Ratskeller"; „Am Kamin"; „Strengs Stuben"; „Mostert"; „Müller".

„Zum Burghof"; „Zur Tomburg"; „Haus Dahlem"; „Zur Dorfschänke".

Freizeitpark mit Wellen-Hallenbad.

Auf der Weiterfahrt in Richtung Ahr (B 266) ragt unübersehbar, rechts auf einem Felskegel gelegen, die markante Ruine *Tomburg* (316 m) empor. Sie bietet eine großartige Aussicht über das Rheintal mit Siebengebirge und die Kölner Bucht.

Die großartige Lage des Tomberges veranlaßte die Pfalzgrafen, auf den Basaltkegel eine starke Burg zu bauen. In der zweiten Hälfte des 13. Jhs. kam sie in den Besitz des Kölner Erzbistums. Ein Jahrhundert später zerstörte der Graf von Jülich die Burg völlig. Heute vermitteln die Reste der einst starken Festung nur noch einen ungefähren Eindruck von ihrer früheren Größe.

Von *Gelsdorf* (Auffahrt zur Autobahn Bonn, Köln, Mainz) kreuzt die von Bonn kommende B 257 die nunmehr allmählich südostwärts abfallende B 266. Sie erreicht nach wenigen Kilometern den langgestreckten Stadtbezirk von Bad Neuenahr-Ahrweiler (s. S. 26).

An der nun ahrabwärts führenden B 266 ragt jenseits der Autobahnbrücke unübersehbar der markante Basaltklotz *Landskron* (273 m) auf. Sein waldüberzogener Kegel gibt nur spärliche Reste der ehemals starken Festung frei. Am Westhang blieb die Jungfrauenkapelle erhalten. An den Süd- und Westhängen ziehen sich Weingärten hinunter zum Winzerort *Heppingen-Heimersheim* (128 km). Abseits vom Durchgangsverkehr gelegen, bietet der alte Ort Ruhe und Erholung. Die spätromanische Kirche hat einen gotischen Chor, schöne Glasfenster (13. Jh.) und einen Kreuzaltar (1599). Von den Befestigungsanlagen des Dorfes sind noch Reste erhalten. In dem Dorf steht ein Zehnthof (zur Lagerung des an die jeweilige Herrschaft zu entrichtenden Zehnten).

Burg Landskron wurde 1208 unter König Philipp begonnen; durch den Gegenkönig Otto IV. wurde sie erobert und ausgebaut. Kaiser Friedrich II. nahm sie dann 1214 im Sturm. Im Dreißigjährigen Krieg war sie immer wieder Belagerungen und Eroberungen ausgesetzt. Herzog Johann Wilhelm von Pfalz-Neuburg ließ sie als späterer Besitzer sprengen; er wollte damit verhindern, daß sie von den Truppen Ludwigs XIV. eingenommen wurde.

Hinter Lohrsdorf erreicht man das etwas abseits der Straße gelegene *Bad Bodendorf,* einen Kurort mit dörflichem Charakter. Dank der Thermalquelle (28 bis 30 °C) kann man vom Frühling bis in den Spätherbst hinein im Freien baden. Dieses beliebte Thermalheilbad ist heute Stadtteil des nahen Rheinortes

Sinzig (65 m, 14 000 Einw.), 135 km. Landschaftlich schön gelegen, wird Sinzig als „Stadt im Grünen" und Ausgangspunkt für Fahrten und Wanderungen in die Umgebung empfohlen. Bei Sinzig mündet die Ahr in den Rhein.

Das gepflegte Städtchen ist keltischen Ursprungs. Die römische Siedlung Sentiacum (Sinzig) wurde später fränkischer Königshof und Kaiserpfalz.

Schließlich gelangte der Ort in den Besitz der Herzöge von Jülich. Von den Befestigungsanlagen aus dieser Zeit sieht man heute nur noch Reste. Nach dem Zweiten Weltkrieg wurde Sinzig zur Stadt ernannt. Sehenswert ist die spätromanische *St.-Petri-Kirche* (13. Jh.) mit dem achteckigen Hauptturm, drei Seitentürmen, einem freigelegten Chor, Fresken aus der Mitte des 13. Jhs. und einem Flügelbild der Kölner Schule. Außerdem ist in der Kirche eine Mumie ausgestellt, die im Volksmund „Heiliger Vogt" genannt wird.

Ausflüge von Sinzig lassen sich bequem zum Beispiel über den Rheinhöhenweg zum *Bodenbacher Strudel,* nach *Remagen* über Bodendorf, nach *Westum*, nach Bad Neuenahr, nach *Kripp* oder *Niederbreisig* unternehmen. Recht reizvoll ist ebenfalls ein Spazierweg zum Assessorenweg.

ⓘ Verkehrsamt, Bad Bodendorf, Pavillon am Kurgarten.

Köln, Koblenz.

Bonn.

„Kurhaus Spitznagel" (im Stadtteil Bad Bodendorf).

„Kurpension Waldesruh"; „Haus am Weiher".

△ – △.

Die Eifel-Ardennen-Straße beginnt hier.

Route 3: Remagen – Adenau – *Nürburgring (56 km)

Diese Route folgt im großen und ganzen der Ahr und beginnt in

Remagen (66 m, 15 000 Einw.). Der Name des Ortes geht auf das römische linksrheinische Grenzkastell Rigomagus zurück. Aber schon in keltischer Zeit war dieses Gebiet besiedelt. Man fand Wallanlagen der Kelten auf dem nahen Scheidskopf. Im Mittelalter wurde der Ort befestigt und erhielt Stadtrechte.

Sehenswert ist der Neubau (1902) der *Pfarrkirche,* in den Reste der romanischen Kirche einbezogen wurden. Das Wahrzeichen Remagens, die *Apollinariskirche,* war ursprünglich eine Kapelle (6. Jh.). In die Krypta sollen 1146 nach der Legende die Reliquien des heiligen Apollinaris übergeführt worden sein. Die neue Kirche wurde 1839 bis 1847 nach Entwürfen des Baumeisters Zwirner erbaut.

Das *Städtische Museum* wurde auf römischen Tempelmauern errichtet. In der römischen Abteilung des Museums sind Funde aus 150 Gräbern des 1. bis 3. Jhs. ausgestellt. Auf der Rheinbrücke bei Remagen erfolgte 1945 der Übergang der Alliierten über den Rhein (Museum in den Brückentürmen). – Im Künstlerbahnhof Rolandseck und in der Galerie Rolandshof wechselnde Ausstellungen moderner Kunst.

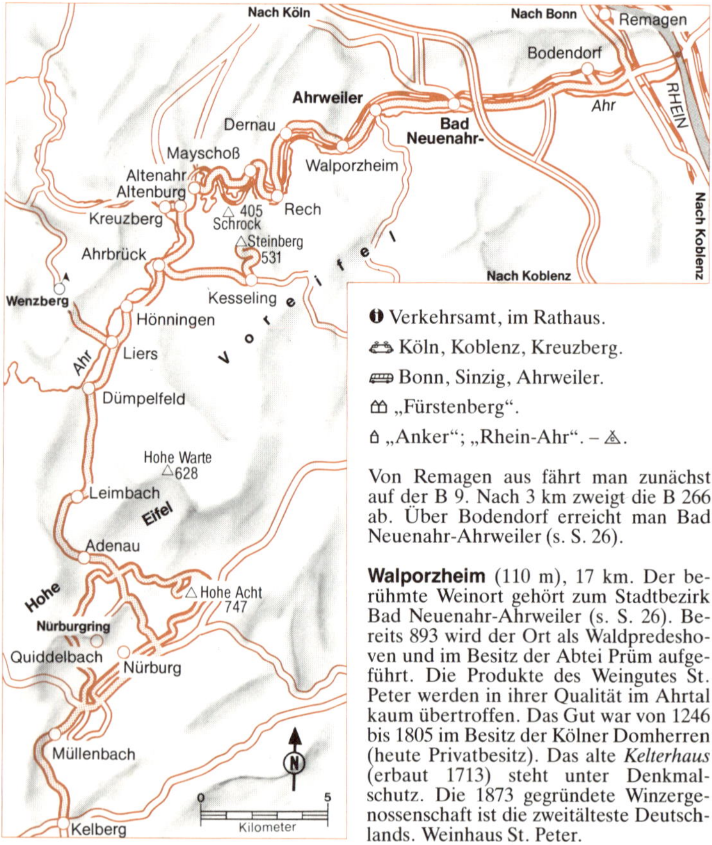

Verkehrsamt, im Rathaus.

Köln, Koblenz, Kreuzberg.

Bonn, Sinzig, Ahrweiler.

„Fürstenberg“.

„Anker“; „Rhein-Ahr“. –

Von Remagen aus fährt man zunächst auf der B 9. Nach 3 km zweigt die B 266 ab. Über Bodendorf erreicht man Bad Neuenahr-Ahrweiler (s. S. 26).

Walporzheim (110 m), 17 km. Der berühmte Weinort gehört zum Stadtbezirk Bad Neuenahr-Ahrweiler (s. S. 26). Bereits 893 wird der Ort als Waldpredeshoven und im Besitz der Abtei Prüm aufgeführt. Die Produkte des Weingutes St. Peter werden in ihrer Qualität im Ahrtal kaum übertroffen. Das Gut war von 1246 bis 1805 im Besitz der Kölner Domherren (heute Privatbesitz). Das alte *Kelterhaus* (erbaut 1713) steht unter Denkmalschutz. Die 1873 gegründete Winzergenossenschaft ist die zweitälteste Deutschlands. Weinhaus St. Peter.

🚗 Remagen, Kreuzberg.

🚌 Bad Neuenahr, Ahrweiler.

🏨 „Deutsches Haus".

🏠 „Zum Sänger"; „St. Urban"; „Winzerschenke".

Viele Privatpensionen.

Oberhalb von Walporzheim engen bizarre Felsen das Tal ein, die an der Südseite fast bis zum Gipfel Weingärten tragen. Die Bundesstraße (ab Bad Neuenahr B 267) führt auf eine steile, 60 Meter hohe Schieferfelswand zu, die „Bunte Kuh" genannt wird. Weiter ahraufwärts kann man bei fast allen Winzern den würzigen dunkelroten Ahrwein probieren und natürlich auch kaufen. Bald erreicht man

Dernau (125 m, 1950 Einw.), 20 km, ein typisches Winzerdorf an der Ahr. Der Ort liegt inmitten des größten geschlossenen Rotweingebietes Deutschlands. Lohnend ist ein Rundgang durch die geräumigen Kellereien des kleinen Ortes.

Nach einigen Kurven erreicht man nach dem alten Weinort *Rech* (Pfarrkirche 18. Jh., Ahrbrücke mit einem Standbild des Nepomuk) das Ahrdorf

Mayschoß (141 m, 1000 Einw.), 27 km. Hier kann man die größte Rotweinkellerei des ältesten Winzervereins Deutschlands besichtigen. Der hübsche Ort ist von schroffen Felsen umgeben und wird von der Ruine der *Saffenburg* überragt. In der *Pfarrkirche* ist der schwarze Marmorgrabstein der Gräfin Katherina von der Mark-Schleiden (zuvor Magd, dann dritte Gattin des Grafen Ernst) sehenswert. – Weinseminare, Rotweinwanderweg.

🚗 Remagen, Kreuzberg.

🚌 Kreuzberg, Remagen.

🏨 „Lochmühle".

🏠 „Jägerstübchen"; „Saffenburg"; „Kläs"; „Wunder". – ⛺ – ⛺.

Nach kurzer kurvenreicher Fahrt zwischen steilen Felswänden hindurch zwängt sich die Straße an der ehemaligen Lochmühle vorbei und erreicht hinter Reimerzhoven den tausendjährigen Winzerort am Fuß der Burg Are

***Altenahr** (170 m, 1600 Einw.), 27 km. Typisch für diesen Ort sind die verwinkelten Gassen und die kleinen Plätze. Die gemütlichen Schenken locken viele Besucher an.

Altenahr, Burg Are

Dieser Landstrich war schon in fränkischer Zeit besiedelt. Der Ort Are (später Altenahr) entstand erst nach dem Bau der Burg unter Graf Theoderich von Are um 1100. 1246 schenkte ein Graf Are-Hochstaden, der Probst zu Xanten war, Burg und Grafschaft Are dem Erzstift Köln. Die Burg wurde Amtssitz Kurkölns. Zeitweise war das Staatsgefängnis dort untergebracht. Von 1689 bis 1690 wurde sie neun Monate von den Franzosen belagert und schließlich erobert und zerstört; der Ort wurde eingeäschert. 1714 zerstörten kurkölnische Truppen die Reste der Burg, da Freibeuter von hier Raubzüge unternahmen.

3

An dem quadratischen Grundriß sind noch der nördliche Torturm, daneben der Palast und in der Nordecke ein Rest der Burgkapelle (12./13. Jh.) erkennbar. Von der Ruine hat man einen weiten Blick über das ganze Ahrtal mit seinen schroffen Felswänden.

Die Stadt, im Mittelalter ebenfalls durch eine Mauer geschützt, hatte drei Tore, die in den *Burgring* einbezogen waren. Von ihnen sind nur spärliche Reste übrig geblieben. Die romanische *Pfarrkirche,* die erstmals 1166 erwähnt wurde, ist eine Gründung der Grafen von Are. 1326 kam der gotische Chor hinzu, die Überwölbung der Kirchenschiffe erfolgte im 15. Jh., eine Seitenkapelle wurde im 16. Jh. als Sakristei angebaut.

Wie so viele Orte in der Eifel bietet sich auch Altenahr ausgezeichnet als Standquartier an, um von hier einige schöne Wanderungen in die Umgebung zu unternehmen. Zu empfehlen ist da unter anderem der Weg auf das *Horn* (388 m), von dem man einen ausgezeichneten Weitblick genießen kann. Den Abstieg von hier macht man über den Schrock und von dort nach Mayschoß (siehe links). Reizvoll sind ferner Wanderungen zum *Weißen Kreuz* und zur *Burg Are,* zum *Schwarzen Kreuz* auf dem rechten Ufer

Burg Kreuzberg

der Ahr und von dort zum *Teufelsloch*. Empfehlenswert ist ebenso eine Wanderung auf die *Ditschhard* (347 m), von der Gaststätte geht man weiter zum Forsthaus Weißenrath und von dort zur *Burg Vischel*. Diese Rundwanderung kann man auf dem Rückweg durch das *Vischeltal* und über den Eifelhöhenweg Richtung Sinzig-Aachen nach Altenburg und Altenahr beenden. Immer an der romantischen Ahr entlang führt ein Wanderweg zum Langfigtal (Naturschutzgebiet). Von historischer Bedeutung ist der Ringwall auf dem *Hochtürmen,* den man von Kreuzberg nach gut zwei Stunden Fußmarsch erreicht. Der Weg dorthin vermittelt heute noch einen Eindruck von der Stille und Einsamkeit der Eifel.

🛈 Verkehrsverein, im Bahnhof.

🚗 Remagen, Kreuzberg.

🚌 Meckenheim, Bonn, Ahrweiler, Remagen, Adenau.

🏨 „Zur Post"; „Ruland"; „Central"; „Zum Schwarzen Kreuz"; „Rheinischer Hof".

⌂ „Weißes Kreuz"; „Hübel"; „Mönch"; „Rittersprung"; „Assenmacher"; „Hübel"; „Bergfried".

⛺ – ⛺.

Die Straße folgt jetzt den vielen Schleifen der Ahr. Zuerst fährt man durch Altenburg (Ortsteil von Altenahr) und erreicht kurz danach

Kreuzberg (178 m) mit dem gut erhaltenen Schloß. Der Ort gehörte zum Besitz der Abtei Prüm. Von ihr erwarben die Grafen von Are 963 die Gemarkung „cruciberge" und errichteten 1340 die Burg Kreuzberg. 1686 zerstörten französische Truppen die Burg, die dann 1760 wieder aufgebaut wurde. Die *Burgkapelle* stammt aus dem Jahr 1783. Die noch bewohnte Burg ist heute von einigen *Fachwerkhäusern* umgeben.

🚗 Remagen.

⌂ „Weinstube"; „Kreuzburg"; „Weiss"; „Zur Erholung". – ⛺.

Die B 257 führt an der Ahr entlang, vorbei an Pützfeld, nach Ahrbrück (35 km). Links zweigt eine gute Straße nach *Kesseling* (4 km) ab. Sehenswert ist die auf einer Anhöhe gelegene Kirche mit Barockaltar.

Von Kesseling führt eine kurvenreiche Straße zum *Steinerberg* (531 m). Bei gutem Wetter wird man auf der aussichtsreichen Kuppe mit einem weiten Rundblick belohnt.

Fährt man zurück zur B 257, so kommt man auf dieser Straße über *Hönningen* (Pfarrkirche mit romanischem Westturm, spätgotischem Langhaus und Chor) zum kleinen Ort *Liers* am gegenüberliegenden Ufer der Ahr. Folgt man dem Liersbachtal einige Kilometer, so gelangt man zur Ruine *Wenzburg*. 1832 wurde die Burg bis auf die heutigen Reste zerstört.

Über *Dümpelfeld* (41 km) mit seiner zweischiffigen gotischen Kirche, an der Einmündung des Adenauer Baches in das Ahrtal gelegen, führt die B 257 nach *Leimbach* (schöne Wanderung auf die Hohe Acht) und weiter nach

Adenau (297 m, 3000 Einw.), 48 km, einem hübschen, lang hingestreckten Städtchen in einem engen Tal. Den *Marktplatz* umgeben bunte Fachwerkhäuser aus dem 15. und 16. Jh. Sie geben Zeugnis vom Reichtum der Tuchmacher jener Zeit. In Urkunden taucht Adenau

Adenau, am Markt

erstmals im Jahr 992 auf. Es gab hier ein Franziskanerkloster und eine Johanniter-Komturei (heute die alte erweiterte katholische Pfarrkirche; im 10. Jh. einfacher Saalbau, um 1200 zu dreischiffiger Basilika mit achteckigem Chorturm erweitert).

ℹ Verkehrsamt, Marktplatz 8.

Kreuzberg, Remagen, Ahrweiler, Altenahr, Mayen, Kelberg, Ulmen.

„Hof Hirzenstein"; „Historisches Haus/Blaue Ecke"; „St. Georg" (an der B 412).

„Eifeler Hof".

Von Adenau zieht sich die kurvenreiche Straße zur *Hohen Acht* (747 m, höchste Erhebung der Eifel) hinauf. Die Basaltaufwerfung ragt fast 80 Meter aus dem Schiefer empor. Vom Aussichtsturm hat man bei gutem Wetter eine großartige Sicht bis hin zum Rheintal (Kölner Dom), zum Siebengebirge, zur Nordeifel, von den Ardennen bis zum Westerwald und über die ganze Hohe Eifel.

Hoch über *Quiddelbach* (56 km) erhebt sich, inmitten der bekannten Rennstrekke gelegen, die *Nürburg* (678 m) auf einem der höchsten Eifelberge. Von der im 11. Jh. erbauten Haupt- und Vorburg stehen noch ansehnliche Reste. Vom runden Bergfried mit seinen mächtigen Gewölben hat man eine weite Sicht.

Münzfunde und Reste römischer Bauwerke lassen darauf schließen, daß die Römer auf dem Berg eine Wach- und Signalstation hatten. Um die Mitte des 12. Jh. war hier ein Seitenzweig der Are-Grafen ansässig. Später wurde die Burg, eine der stärksten Festen jener Zeit, kurkölnisches Lehen. 1690 konnten Franzosen sie erst nach langer Belagerung einnehmen und zerstören. Die *Pfarrkirche* (16. Jh.) hat einen *spätgotischen Chor.*

Der hübsche Luftkurort *Nürburg* bietet *Skifahrern* ein ideales Gebiet für Abfahrts- und Langläufe (Skilift, Sprungschanze).

ℹ Verkehrsverein Nürburg.

„Zur Burg"; „Sporthotel Tribüne"; „Am Tiergarten".

„Fischer" (Müllenbach-Schleife).

Der *Nürburgring, die bekannte alte Grand-Prix-Autorennstrecke, zieht sich über 28 km südlich von Adenau durch dichtbewaldetes Mittelgebirgsland (starke Höhenunterschiede, bis zu 18% Steigung, 175 Kurven). Die Rennstrecke wurde 1925 bis 1927 als Schleife in Form einer Acht (8) gebaut.

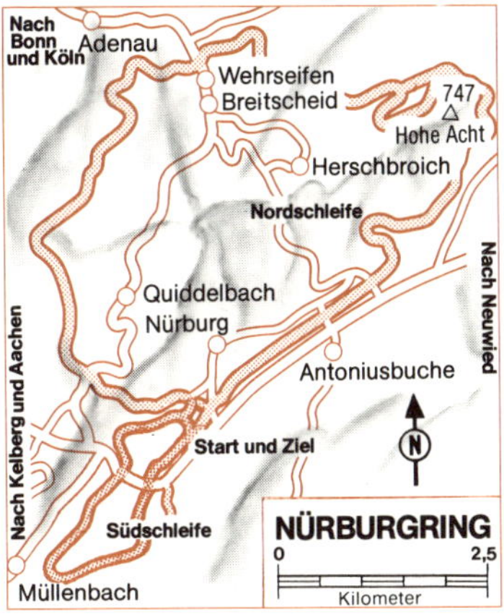

Heute dient die 24 km lange *Nordschleife* Zuverlässigkeitsfahrten und Rallyes, Leistungsprüfungen und Sonderetappen sowie dem Tourenwagen-Rennsport. Auch Touristen aus aller Welt können hier – sozusagen außer Konkurrenz – gegen eine Gebühr mit ihren Privatfahrzeugen ihre Runden drehen.

Die 4,5 km lange moderne *Rennstrecke* mit Nürburg- und Müllenbach-Schleife, 14 Kurven, maximal 8,8% Steigung und 6,5% Gefälle, ist Deutschlands neue Grand-Prix-Strecke, auf der Weltmeisterschaftsläufe der Formel 1, Grand Prix der Motorräder, Welt- und Europameisterschaften verschiedener Fahrzeugkategorien ausgetragen werden.

Am Start- und Zielplatz liegen *Start- und Zielhaus* (Rennleitung, Zeitnahme- und Auswertungsräume, Empfangs- und Konferenzräume, Sprecherkabine), Boxen und Fahrerlager, Haupttribüne und Sporthotel. Die Sitz- und Stehtribünen an der Rennstrecke bieten insgesamt 120 000 Zuschauern Platz.

Das im Frühjahr 1984 eröffnete *Rennsportmuseum* macht mit Gegenwart und Geschichte des Nürburgrings bekannt. Es beherbergt u. a. Rennwagen und Motorräder, Demonstrationsmodelle und eine Schau-Werkstatt.

Vom Nürburgring sind es auf der B 257 nur wenige Kilometer bis nach Kelberg (s. S. 52), dem Endpunkt der Route 4.

Route 4: Andernach – *Maria Laach – Monreal – Kaisersesch – Ulmen – Kelberg (78 km)

Als Ausgangspunkt für eine Fahrt in diesen Teil der Vulkaneifel empfiehlt sich *Andernach* (siehe Polyglott-Reiseführer „Der Rhein von Mainz bis Emmerich").

In Richtung Laacher See fährt man auf der B 9 rheinabwärts über Namedy nach Brohl. Der kleine Ort liegt am Eingang des Brohltals, unterhalb der Burg Brohleck. In Brohl verläßt man die B 9 und biegt nach links ab, um der Straße bis nach

Bad Tönnisstein (140 m) zu folgen. Das Heilbad liegt inmitten herrlicher Wälder. Die Ruine des Karmeliterklosters *St. Antonius-Stein* liegt etwas außerhalb des Ortes. Im 16. Jahrhundert galt Bad Tönisstein als beliebte Sommerresidenz der Kölner Erzbischöfe.

⌂ „Kurfürstenhof".

Einige Kilometer talaufwärts erreicht man

Burgbrohl (150 m, 3200 Einw.), 13 km. Der Ortsname geht auf die Burg der Herren von Brule (11. Jh.) zurück. Nach ihrer Zerstörung wurde die Burg im 18. Jahrhundert wieder aufgebaut. Der einfache Zweiflügelbau liegt inmitten eines großen Parks. – ⌂ „Krone".

Von Burgbrohl kehrt man nach Bad Tönisstein zurück, um von hier die Fahrt in Richtung Laacher See fortzusetzen.

Südlich von Wassenach, hinter dem Hotel „Waldfrieden", taucht der **Laacher See* auf, das größte Maar der Eifel. Ein Kranz dicht bewaldeter Höhenzüge umschließt den bis zu 620 m hohen Kegel (Krufter Ofen, Laacher Kopf, Thelenberg, Veitskopf). Der 3,33 km² große, annähernd ovale See mißt ungefähr 2,35 km an der längsten Stelle und 1,87 km an der breitesten Stelle. Er ist bis 53 m tief.

Maria Laach eignet sich vorzüglich als Ausgangspunkt für diverse Wanderungen in die nähere und weitere Umgebung. Zu empfehlen sind unter anderem Touren zum Rhein und in die Vordere Eifel.

Einige dieser Wanderungen sollen hier genannt werden: So ist der Weg über den *Kunkskopf* zum Laacher See mit dem Kloster besonders reizvoll. Lohnend ist auch eine Wanderung nach *Niederzissen* (10 km) und von dort auf den *Bausenberg*.

Der Aufstieg auf diesen 338 m hohen Berg ist bequem zu schaffen. Der Vulkankrater gilt als einer der schönsten in der Eifel.

Der See ist sehr fischreich. In seiner unmittelbaren Nähe liegt das Kloster

***Maria Laach.** Pfalzgraf Heinrich II. gründete 1093 die Benediktinerabtei Sancta Maria ad lacum (Hl. Maria am See), die 1802 während der napoleonischen Vorherrschaft aufgehoben wurde. Von 1863 bis 1873 war sie im Besitz der Jesuiten. 1892/93 wurde das Kloster wieder von Benediktinern übernommen. Es wurde bis zum 2. Vatikanischen Konzil ein Mittelpunkt der deutschen liturgischen Bewegung. Durch Jahrhunderte hindurch war die Abtei ein religiöses, auch künstlerisch-kulturelles Zentrum des Mittelrheins und der Eifel.

Die großartige sechstürmige Baugruppe der ***Abteikirche*, einer rein romanischen doppelchörigen Gewölbe- bzw. Pfeilerbasilika, gilt als eines der Hauptwerke der abendländischen Romanik und steht gleichrangig neben den großen Kaiserdomen in Speyer und Mainz, zu denen es, in den beiden ersten Bauperioden, Verbindungen gibt. Der Grundstein von Maria Laach wurde gelegt, während der Speyrer Dom unter Kaiser Heinrich IV. im Bau war.

Maria Laach

Maria Laach

Die Basilika besteht aus dem fünfjochigen Langhaus, dem östlichen Querhaus mit Vierungsturm, dem Chorgeviert mit Apsis, der Krypta und ihren Flankentürmen sowie dem dreitürmigen Westbau mit vorgelagertem Paradies (Vorraum). Ihre Anlage ist einheitlich bis auf gewisse Abwandlungen, die auf die sich über mehr als ein Jahrhundert erstreckende Baugeschichte zurückzuführen sind. Die Abteikirche unterlag dann in der Folgezeit fast keinen baulichen Veränderungen mehr.

Baugeschichte:

1093 wurde mit dem Bau der gesamten Kirche und der Klosteranlage begonnen. 1095, im Todesjahr des Stifters und Bauherrn, erreichten die Außenmauern eine Höhe von durchschnittlich 3,50 m. Danach führte die Gemahlin Heinrichs II., Adelheid, den Bau weiter. Bis zu ihrem

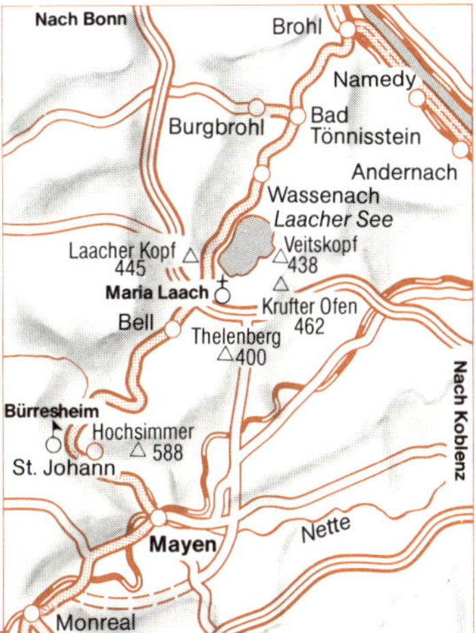
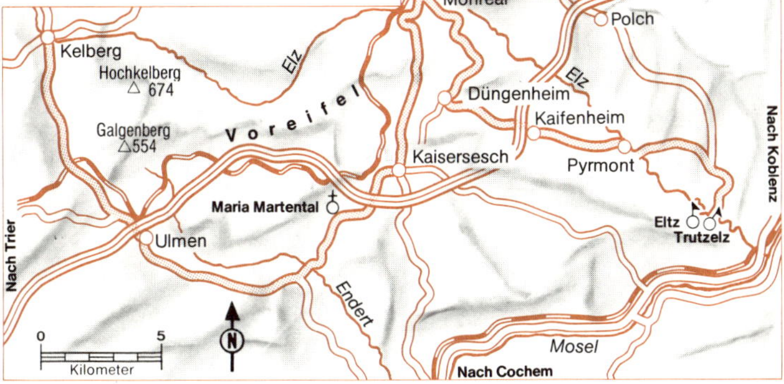

4

Tod in Jahr 1100 war das *Ostquerschiff* bis zu einer einheitlichen Höhe von 10 m fertiggestellt worden und hat vermutlich eine vorläufige Flachdecke erhalten.

Um 1130 setzte aufgrund neuer Stiftungen nach einer Unterbrechung von fast drei Jahrzehnten die zweite Bauperiode ein; sie endete 1156 mit der Weihe der Kirche. In dieser Zeit entstand die Wölbung der Krypta, es wurde das Ostquerschiff in voller Höhe mit Gewölben und Vierungsturm vollendet, ferner wurden die oberen Teile der Chorflankentürme, das Langhaus, die unteren Teile des Westbaues und wahrscheinlich auch der Altarraum errichtet.

Um 1160/70 wurde das Obergeschoß des Westbaues vollendet; erst um 1200 schloß mit dem Bau der Obergeschosse der drei Westtürme die Hauptbauzeit der Basilika ab.

Um 1220 bis 1230 wurde das kreuzgangartige Paradies, über dem sich das monumentale Werk des Westbaus erhebt, als Vollendung des gesamten Bauwerks geschaffen.

Am ganzen Bau wurde fast ausschließlich heller Tuff für die Wände und dunkle grau-blaue Basaltlava für die tragenden Glieder – jeweils aus heimischen Brüchen – verwendet.

Alle Mauern, ausgenommen die südliche Außenwand und die beiden Ostjoche, sind von leichten Säulenstellungen durchbrochen.

Rundgang:

Man betritt die Basilika durch die Vorhalle, die von einer zweifachen Säulenreihe getragen wird, durch ein überaus prächtiges Rundbogentor, dessen Bogenfries und Dachgesims mit in üppiges Rankenwerk eingeschlungenen Menschen, Vögeln und Drachen verziert sind. Unter den hervorragenden Bildhauerarbeiten im Paradies ist auch, links vom Eingang, ein Teufelchen zu nennen, das die Sünden der Hereintretenden, die „peccata populi", aufschreibt.

Der schlichte *Innenraum* der Kirche, als bewußter Gegensatz zum reich gegliederten Äußeren konzipiert, wirkt auf den Betrachter durch seine hallenartige Weiträumigkeit. Dieser Effekt wird durch eine optische Täuschung noch gesteigert: Da der Fußboden sich etwas senkt, erscheinen die Scheitel der Arkaden des Langhauses dem Ostchor zugeneigt, wodurch das Hauptschiff noch langgestreckter wirkt.

Die vielfach veränderte Einrichtung der Kirche wurde in den letzten Jahrzehnten wieder der ursprünglichen Anordnung angenähert. So erhebt sich über dem Hochaltar im Altarraum seit 1948 wieder der spätstaufische Baldachin aus Tuff (rund 8 m hoch, entstanden um 1200 oder 1260), der seit 1695 im Westchor (über dem Stiftergrab) gestanden hatte. Sein Hauptteil besteht aus sechs leicht nach innen geneigten Säulen. Seine giebelbesetzte Rippenkugel auf durchbrochenem Fußring aus geschwungenen Ranken ist eine einzigartige Kleinarchitektur, deren „barock" überquellende Formen bereits auf den Ausklang der Romanik weisen.

Im Westchor befindet sich das *Grabmal des Stifters,* des Pfalzgrafen Heinrichs II. Es besteht aus einem 3 m langen bemalten Steinsarkophag mit liegender Holzfigur, die in ihrer rechten Hand das Modell der Kirche trägt (um 1280).

An den Pfeilern des Westchores sieht man *Fresken* (um 1500), die den hl. Christophorus, den hl. Nikolaus und den hl. Benedikt darstellen.

Die *Mosaiken* der Ostapsiden gehen auf Künstler aus den Abteien Beuron und Maria Laach zurück; sie wurden nach 1911 geschaffen.

Zu dem mit Mauern umgebenen Klosterbereich mit allen Wirtschaftsgebäuden gehört neben anderem Grundbesitz die Hälfte des Maares. Die *Bibliothek* der Abtei umfaßt mehr als 140 000 Bände.

⌂⌂ „Seehotel Maria Laach".

⌂ „Laacher Mühle".

△ Laacher See-Haus am Thalenberg.

⛺ Campingplatz Laacher See.

Viele gut ausgeschilderte Wanderwege gibt es im Bereich des Sees.

Schloß Bürresheim

Hinter Maria Laach kreuzt die Autobahn A 61 (Rheinlinie) die Straße nach Bell. Folgt man der Landstraße jetzt weiter in südwestlicher Richtung erreicht man das überaus fruchtbare Maifeld.

Links ragt der *Hochsimmer* (588 m; Aussichtsturm) empor. Rasch fällt die Straße zur Nettemühle ab, in deren Nähe die Nitz in das romantische Nettetal fließt. Hier liegt auf einem Felsen

***Schloß Bürresheim.** Die *Burg* wurde um 1200 erbaut. Lange Zeit war sie im Besitz der Erzbischöfe von Köln und Trier, die sie im 15. Jh. erweitern ließen.

Im 17. und 18. Jh. wurden noch einmal bauliche Veränderungen im Barockstil vorgenommen. Nach 1796 gelangte die Burg in den Besitz der Grafen Renesse. 1938 wurde sie Staatseigentum. Da sie zu den wenigen vollständig erhaltenen Burgen Deutschlands gehört, kann man hier einen guten Einblick in die Wohnkultur des 15. bis 19. Jahrhunderts gewinnen. Öffnungszeiten von März bis Oktober von 9–13 und 14–18 Uhr, von November bis Februar 9–13 und 14–17 Uhr; montags und im Dezember geschlossen.

Mayen.

Nach wenigen Kilometern erreicht man über Mayen (s. S. 28) die Ortschaft

Monreal (295–365 m, 820 Einw.), 45 km. Der kleine altertümliche Ort liegt an den steilen Hügeln der Vulkaneifel, im Tal der Elz. Die schönen *Fachwerkhäuser* wurden von reichen Tuchwebern gebaut. Auf der steinernen *Johannisbrücke,* die über die Elz führt, sind das drei Meter hohe gotische Kreuz mit vier Löwen aus Basalt und das barocke Standbild des Nepomuk sehenswert.

Über dem Ort erheben sich die Ruinen der *Philippsburg* (Rech) und der *Löwenburg* (Monreal), die durch eine 25 Meter hohe Ringmauer geschützt wurde. Auf dem Burgberg sind noch die Reste einer gotischen Kapelle zu sehen. Die Burgen wurden 1622 von den Schweden und 1689 im Pfälzischen Erbfolgekrieg von französischen Truppen zerstört.

Verkehrsverein.

Mayen, Andernach, Daun, Gerolstein.

Ulmen, Mayen, Adenau, Andernach, Neuwied.

„Eifeler Hof“; „Löwenburg“; „Drillbach“; „Schoor“ ; „Zum Eltztal“; „Seserhenn“; „Am Markt“.

Monreal, Fachwerkhäuser

10 Kilometer südlich von Monreal liegt hinter dicht bewaldeten Höhen in einer flachen Talmulde das schon zur Zeit der Römer gegründete

Kaisersesch (455 m, 2500 Einw.), 55 km. Im nahen Forst Langheck sieht man noch Reste der römischen Reichsstraße, die vom Rhein über Trier nach Südfrankreich verlief.

Im frühen Mittelalter gehörte Kaisersesch zeitweise zur Pfalzgrafschaft Lothringen. Unter kurtrierischer Landeshoheit wurde der Ort von 1294 bis zur Auflösung des Kurstaates gegen Ende des 18. Jh. Verwaltungssitz. Kurfürst Erzbischof Balduin von Trier ließ Kaisersesch stark befestigen. Kaiser Ludwig von Bayern verlieh dem Ort im Jahre 1321 Stadtrechte.

Nach der Zerstörung durch französische Truppen (1689 während des Pfälzischen Erbfolgekrieges) blieb außer einem alten Turm vom ursprünglichen Stadtbild nichts mehr erhalten. Als Sehenswürdigkeit und als Kuriosum gilt der schiefe Kirchturm.

In Bahnhofsnähe befindet sich ein Stück des Römerwalls. Im nahen Kaisersescher und Eulgemer Wald grub man vorgeschichtliche Hügelgräber aus, hinter Düngenheim fand man vorgeschichtliche Wohnstätten.

Andernach, Mayen, Daun.

„Kurfürst“; „Zur Post“.

„Cornely“; „Wagener“; „Schöne Aussicht“. – in Landkern.

Von Kaisersesch sollte man unbedingt einen Abstecher über Kaifenheim und Münstermaifeld zur

Burg Eltz

****Burg Eltz** (ca. 30 km) unternehmen. Da sie zu den wenigen Burgen gehört, die niemals zerstört wurden, hat sie ihr mittelalterliches Gepräge bis heute bewahrt, trotz späterer Anbauten und Restaurierungen. Das verschachtelte Bauwerk mit seinen vielen Türmen erhebt sich auf einem Felsbuckel hoch über dem Elzbach.

Seit 1150 ist sie im Besitz der Herren, später Grafen von und zu Eltz, deren Nachkommen noch heute hier wohnen (Besichtigung vom 1. April bis 31. Oktober).

Da sich jede Seitenlinie der Grafen von Eltz einen eigenen Flügel an die Burg baute, entstand im Laufe der Jahrhunderte die noch heute bestehende verhältnismäßig große, in sich verschachtelte, teilweise neungeschossige Anlage. Nach einem Brand im Jahr 1920 wurde sie restauriert. Die Inneneinrichtung vermittelt dem Besucher ein einprägsames Bild mittelalterlicher höfischer Wohnkultur.

Sehenswert sind neben dem romanischen Burghaus *Platteltz* das gotische *Haus Rübenach,* die Frührenaissance-Burghäuser *Groß- und Kleinrodendorf,* das barocke *Haus Kempenich* sowie die *Rüst- und Schatzkammer.* Als architektonischer Höhepunkt gilt der innere *Burghof.*

Gegenüber der Burg Eltz erhebt sich die Ruine *Trutzeltz.* Die Burg wurde 1321 im Auftrag von Erzbischof Balduin von Trier erbaut.

Auf der Fahrt von Kaisersesch nach Süden kreuzt die Eifel-Autobahn Trier–Koblenz die Route. Man erreicht bald die Wallfahrtskirche *Maria Martental,* in deren Nähe sich ein Männerkloster befindet. Ein Spaziergang führt von hier zum Wasserfall der Endert.

Folgt man der B 259 durch den Wald, so erreicht man den Vulkaneifelort

Ulmen (436 m, 3000 Einw.), 68 km. Der malerische Ort (Ruine einer Kreuzritterburg aus dem 11. Jh.) liegt am Kraterrand des *Ulmener Maars.* Ursprünglich gab es hier zwei Burgen der Herren von Ulmen (erwähnt Anfang 12. Jh.). Heinrich von Ulmen brachte vom Kreuzzug viele byzantinische Heiligtümer mit nach Deutschland, die heute zum Domschatz von Limburg gehören. Kurfürst Balduin von Trier ließ 1352 die Oberburg einnehmen; ein kurtrierischer Amtmann hatte hier seinen Sitz. In den nachfolgenden Jahrhunderten dienten die Burgen den Bewohnern der Umgebung als Steinbruch.

Hoch über dem Maar erhebt sich die neue Kirche mit dem alten Turm. Im Inneren befindet sich das gut erhaltene Grabmal des Ritters Phillip Haust (gest. 1556). Sehenswert sind außerdem das gotische Sakramentshäuschen und der barocke Marienaltar. Am Jungferweiher ein Vogelschutzgebiet mit seltenen Vogelarten.

Daun, Mayen, Andernach.

„Hages“; „Zur Burg“. –.

Unter Ulmen kreuzt die B 257 den Ußbach. Nach einer Fahrt durch waldreiche Gegenden erreicht man in der Nähe des Hochkelberges (674 m)

Kelberg (490 m, 1700 Einw.), 78 km. Bei Kelberg haben drei kleine Flüsse ihre Quellen: Üß, Elz und Trierbach. Die romanisch-gotische *Pfarrkirche* besitzt außer einem wertvollen Holzkruzifix (15. Jh.) ein Osterkreuz (1666) mit Auferstehungsszene.

Kelberg gilt als aufstrebender Luftkurort mit herrlichen Wanderwegen durch die umliegenden Wälder. 1979 wurde hier eine Jugendfreizeitstätte errichtet.

Von hier ist es nicht mehr weit bis zum Nürburgring (s. S. 47). Die Route 4 läßt sich so mit der Route 3 verbinden.

Adenau, Ulmen, Daun, Mayen.

„Eifeler Hof“; „Zur Reichspost“; „Hens“; „Stadt Koblenz“.

„Willems“; „Gästehaus Emmerichs“.

Privatpensionen, Ferien auf dem Bauernhof.

Route 5: *Koblenz – Münstermaifeld – Virneburg – Daun – Manderscheid – **Trier (160 km)

Westlich von **Koblenz* (siehe Polyglott-Reiseführer „Mosel") kreuzt die B 258 die Rhein- und die Eifelautobahn und berührt das in der Rheinebene am Rande der Eifel gelegene *Bassenheim.* Das heutige Schloß wurde Anfang des 18. Jh. ge-

Bassenheimer Reiter

baut. In der Pfarrkirche sollte man sich das Sandsteinrelief des heiligen Martin ansehen. Dieser „Bassenheimer Reiter" teilt seinen Mantel mit den Armen. Das Relief wird einem Künstler aus dem Kreis des berühmten Naumburger Münsters zugeschrieben.

Nur wenige Kilometer sind es bis

Ochtendung (200 m, 4100 Einw.), 13 km, einem Ort im fruchtbaren Maifeld, schon in der Jungsteinzeit besiedelt. Seine Kirche besitzt einen romanischen Turm aus dem 12. Jh. Die großen Bims- und Lavalitvorkommen ließen hier bereits in der Römerzeit eine einträgliche Industrie entstehen. Nördlich des Ortes liegt die Ruine der Burg Wernerseck, die um 1400 vom Erzbischof Werner von Falkenstein als Grenzfeste seines Erzbistums gegen Kurköln erbaut wurde. Der ehemalige Wohnturm ist heute immer noch weithin sichtbar.

Kurz vor Mayen (s. S. 28) verläßt man die B 258 und fährt unter der Eifelautobahn hindurch weiter in südliche Richtung nach

Polch (214 m, 3900 Einw.), 24 km. Archäologische Funde in der Umgebung des Ortes weisen auf eine frühe landwirtschaftliche Nutzung des Maifeldes durch die Kelten hin. Von der ehemaligen Wasserburg, die im 13. Jahrhundert unter den Herrschaftsbereich der Trierer Erzbischöfe fiel, ist nichts mehr erhalten.

Über *Mertloch* und *Naunheim* erreicht man nach 17 km

Münstermaifeld (271 m, 2700 Einw.). Im Schnittpunkt alter Heerstraßen entstand hier schon zur Zeit der Römer eine Siedlung (Ausgrabungen eines römischen Straßenkastells). In der Merowingerzeit war der Ort Mittelpunkt des Mayengaues. 1018 kurtrierisch, erlangt Münstermaifeld im 13. Jh. Stadt- und Befestigungsrecht. Unter Kurfürst Balduin erhält die Stadt eine *Ringmauer,* von der nur noch geringe Reste vorhanden sind. Beherrschendes Bauwerk ist heute die mächtige Anlage der *Stiftskirche.* Das *Kloster* auf dem Maifeld, Münstermaifeld genannt, ist in seinen Grundmauern mehr als 1000 Jahre alt. Der Bischof Magerich soll es 633 über dem Grundriß eines Römerkastells errichtet und dem hl. Martin gewidmet haben. Im 10. Jh. bekam dieses Monasterium Magnensiae den Rang eines Kollegiatstiftes und wurde dem hl. Severus von Valeria geweiht. Das überdimensionale Westwerk stammt aus der ersten Hälfte des 13. Jhs. Gegen

Münstermaifeld, Münster

Mitte des 14. Jhs. kamen Chor, Quer- und Langhaus hinzu.

Dieses Bauwerk wurde erst 1332 geweiht. Leider wurden die Stiftsgebäude und ein Großteil des Kreuzganges zerstört. Am mächtigen Westteil der Anlage erkennt man mehrere Einflüsse: Aachener Pfalzkapelle, Kirche St. Maria im Kapitol zu Köln und Klosterkirche Brauweiler nahe Köln.

In der ersten Hälfte des 15. Jhs. bekam das bis dahin noch ganz romanische Westwerk seinen Zinnenkranz, es folgten dann später spätgotische Ecktürmchen. Dieser Westbau, flankiert von zwei hohen Rundtürmen, ist eigentlich eine starke Schildburg. Wo auch immer die Charakterisierung „Gottesburg" auf Eifelkirchen angewendet wird, bei Münstermaifeld trifft sie wirklich zu.

Das Gotteshaus erinnert, verglichen mit der Kardener Stiftskirche, an die Trierer Schule.

Das Münster auf dem Maifeld ist innen überreich ausgestattet. An Chor und Querschiff wiegen noch romanische Elemente vor, während das mächtige Langhaus bereits gotische Merkmale aufweist. Am nördlichen Langhausflügel stößt man auf Reste des Kreuzganges. Die Sakristei ist ins Querschiff einbezogen. Im Querbau und an den Pfeilern des Seitenschiffs kamen bei Restaurierungsarbeiten (1924–1933) Wandmalereien aus dem 12., 13. und 14. Jh. zum Vorschein. An der Nordwand des Querschiffs fällt eine Christophorus-Statue (8 m hoch, 13. Jh.) auf. Den nördlichen Chorpfeiler ziert eine große Madonnenfigur. Bemerkenswert sind die Plastiken des Südportals und der große Antwerpener Flügelaltar (Schnitzwerk, Anfang 16. Jh.). Der dreischiffige Bau steht über einem kreuzförmigen Grundriß; er wird durch einen dreieckigen Chor geschlossen. Wie bei vielen Kirchen der Eifel sollte man sich auch hier Zeit nehmen, um die eingelassenen Grabsteine (Epitaphien, u. a. eines

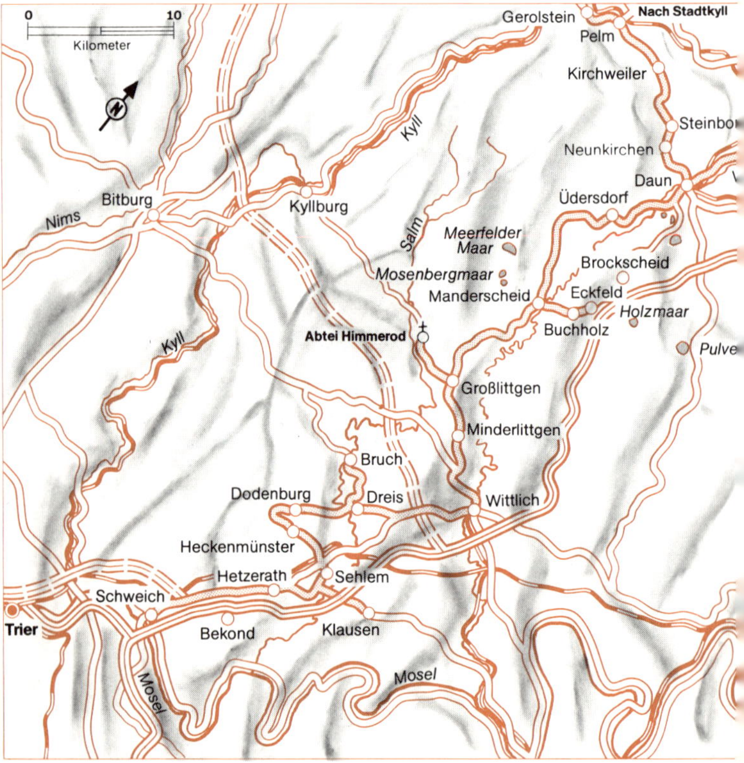

für den Ritter Kuno von Eltz aus der ersten Hälfte des 16. Jhs.) zu betrachten. Die Schatzkammer enthält ein kostbares Peristorium (Hostienbehälter in Gestalt einer Taube aus dem 13. Jh.).

„Maifelder Hof“. – .

Von Münstermaifeld ist eine Wanderung zur nahen **Burg Eltz (s. S. 52) zu empfehlen.

Um die Route fortzusetzen, fährt man wieder über Polch zurück bis zur B 258 und erreicht dann über Mayen (s. S. 28) den Luftkurort

Virneburg (420 m, 425 Einw.), 41 km. Sehenswert ist die *Ruine* der schon im 11. Jh. erstmals urkundlich erwähnten Burg, des Stammsitzes eines alten Eifler Adelsgeschlechtes, der Grafen von Virneburg.

Die Burg wurde 1689 von den Franzosen zerstört. Bei einem Gang durch die kleine Ortschaft sollte man das strohgedeckte *Zehnthaus* und die kleine *Kapelle* aus dem Jahr 1697, mit den Originalkirchenbänken aus dieser Zeit beachten.

Empfehlenswert sind von hier Wanderungen zum *Nürburgring (s. S. 47) und zur Hohen Acht sowie nach Schloß Bürresheim (s. S. 51).

„Haus Waldeck“; „Schmitt“; „Lang“.

Hinter Virneburg verläuft die B 258, den *Nürburgring (s. S. 47) überquerend, in östlicher Richtung weiter. Am Potsdamer Platz, beim Nürburgring, biegt man nach links in die B 257 ein und erreicht nach 8 km Kelberg (s. S. 52).

Für einen geruhsamen Urlaub in dieser Gegend bieten sich die vielen kleinen Weiler im Tal der Elz an, die man von Kelberg aus über die B 410 oder B 256 erreichen kann (Horperath, Lirstal, Ürsfeld u. a.).

Nach weiteren 15 km gelangt man zur Kreisstadt

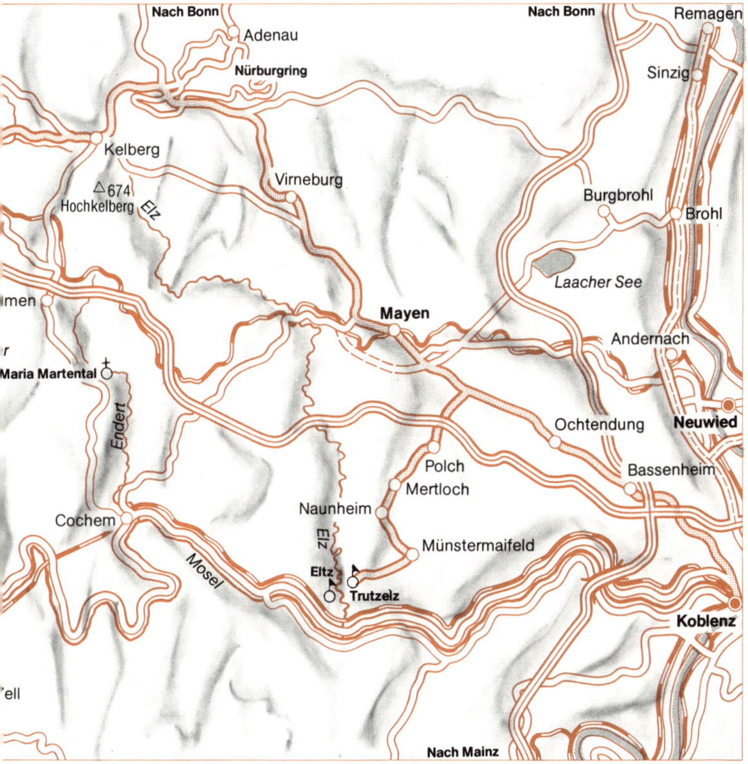

Daun (450 m, 7800 Einw.), 53 km, einem beliebten heilklimatischen Kurort, Kneippkurort und Mineralheilbad, inmitten einer charakteristischen Eifellandschaft gelegen. Sein keltischer Name (duron) bedeutet befestigte Höhe. Die Römer unterhielten auf dem Daun überragenden Felskegel einen Wachtposten. Im 8. Jh. baute der Edle Sigumbert 3 km südlich der Stadt die erste Burg, die im 14. Jh. zerstört wurde. Name und Wappen des ältesten Eifler Geschlechtes gingen an ein Geschlecht über, das Kaiser Ferdinand III. in den Reichsgrafenstand erhob; es stellte in einem kurzen Zeitraum sieben kaiserliche Feldherren. 1650 wurde Daun geplündert, 1689 von den Franzosen zerstört. 1337 und 1951 erhielt der Ort Stadtrechte.

Schalkenmehrener Maar bei Daun

Von der ehemaligen *Höhenburg* blieben nur das Außentor, einige Ringmauerteile, das Basteitürmchen und am Bergfuß der Waldenhof, der einige Zeit das Burghaus des kurtrierischen Geschlechtes Mohr von Wald war, erhalten. Im *Burgbering* sind das 1712 erbaute kurtrierische Amtshaus (jetzt Hotel) und die neugotische evangelische Kirche (1863–67) sehenswert. Im östlichen Teil der Ringmauer befindet sich das verwitterte *Marmorrelief* eines Feldherrn. Interessant sind in der *katholischen Pfarrkirche* (10. Jh.) der Chor und die Krypta aus dem 12. Jh. mit einem Deckengewölbe aus dem 15. Jh., in dem die Wappen der Kurfürsten von Trier und der Reichsgrafen von Daun abgebildet sind. Vor dem ehemaligen Landratsamt steht ein gußeisernes *Bacchusstandbild* (18. Jh.). Im neuen Landratsamt sollte man sich die stimmungsvollen Gemälde des Eifelmalers Prof. Fritz von Wille ansehen, im Hof des Kurzentrums das *Heimatmuseum*.

ⓘ Verkehrsamt, Leopoldstr. 14.

🚗 Andernach, Gerolstein.

🚌 Manderscheid, Wittlich, Wengerohr.

⌂⌂ „Kurfürstliches Amtshaus"; „Parkhotel Liesertal".

⌂ „Hommes"; „Stadt Daun"; „Panorama"; „Zum Goldenen Fäßchen".

⌂ „Thielen"; „Manderscheid". – ⚠.

Von Daun aus kann man Ausflüge (mit Bus oder Auto) in den nahen *Hirsch- und Saupark* an der Deutschen Wildstraße unternehmen.

Idyllisch gelegen und auch bequem zu erreichen sind die Dauner Maare: *Gemündener Maar* und *Schalkenmehrener Maar.* Auf dem *Hohen List* (549 m) oberhalb des Schalkenmehrener Maares steht die Sternwarte der Bonner Universität. Viel besucht wird auch das sagenumwobene *Weinfelder-* oder *Totenmaar,* dessen Wasser durch den Lavaboden fast schwarz erscheint.

Am Rande des Totenmaares steht vom untergegangenen Dorf Weinfeld nur noch die kleine Kirche. Sie wird heute als Friedhofskapelle von Schalkenmehren benutzt.

Als landschaftlich besonders schön gilt die Fahrt von Daun über Neunkirchen, Steinborn und Kirchweiler in das Kylltal nach *Pelm.* Die hübschen Fachwerkhäuser dieses kleinen Ortes werden von der Kasselburg (490 m, 1 km Fahrstraße, Fußweg) überragt.

In unmittelbarer Nähe der Deutschen Wildstraße gelegen, lohnt sich neben dem *Adler-* und *Wolfspark* ein Besuch des 40 m hohen *Doppelturms* (Torbau, Bergfried, Wohnturm), von dem man eine herrliche Weitsicht (Nürburg, Hohe Acht) hat.

Rasch kommt man zum ebenfalls im Kylltal gelegenen Städtchen

Gerolstein (360–620 m, 7100 Einw.), 67 km. Der Luftkurort liegt inmitten einer Landschaft von außergewöhnlicher Schönheit. Hier findet man neben Dolomitfelsen, die aus der Devonzeit stammen, Reste von Korallenriffen eines 300 Millionen Jahre alten *Urmeeres* neben einem erst in jüngerer Zeit erloschenen Vulkan. Die hochaufragenden Dolomit-Felswände des Auberges, der Munterley und Hustley, sind Zeugen der einstigen Umformung. Wissenschaftler haben hier zahlreiche interessante Funde machen können. Außerdem sind ungefähr 20 Vulkane in der unmittelbaren Umgebung von Gerolstein nachweisbar. Der letzte von ihnen, die *Papenkaule,* erlosch vor „nur“ 10 000 Jahren. In *Kalksteinhöhlen* der Munterley fanden sich Feuersteingeräte späteiszeitlicher Rentierjäger (ca. 25 000 v. Chr.). Auf der *Dietzenley* (Gerolsteins höchstem Berg) sind die Fundamente eines keltischen Ringwalls erhalten, dazu Reste römischer Villen und Heiligtümer. Von dem im Mittelalter stark befestigten Burgdorf blieb so gut wie nichts mehr erhalten. Der Luftkurort Gerolstein, mit seinen Mineralquellen, liegt am romantischen Oberlauf der Kyll und an der deutschen Wildstraße. Es gibt ein großes Sportangebot und zahlreiche Wandermöglichkeiten. Sehenswert sind das Ausgrabungsgelände der *Villa Sarabodis,* das *Altertumsmuseum,* mit Funden aus der näheren und weiteren Umgebung, sowie das *Kreisheimatmuseum,* das einen Überblick über die Eifeler Wohnkultur vermittelt, und das neue *Geologische Museum.*

Verkehrsamt, im Rathaus.

Daun, Mayen, Andernach.

Wittlich, Wengerohr.

„Waldhotel Rose“; „Seehotel“.

„Haus Menne“; „Tannenfels“.

„Haus Waldeck“; „Dalstein“; „Alt Sarresdorf“.

Von Gerolstein fährt man dieselbe Straße, auf der man gekommen ist, zurück nach Daun und erreicht dann hinter *Üdersdorf* (schöne Wanderungen möglich) nach 18 km den Ort

Manderscheid (400–500 m, 1200 Einw.), 100 km. Der besonders schön gelegene heilklimatische Kurort zieht sich auf einem Höhenzug zwischen den Flüssen Kyll und Lieser hin.

Nachdem Manderscheid 1332 die Stadtrechte erhielt, wurde eine Stadtmauer mit drei Toren gebaut. 1718 verwüstete ein Großbrand fast den ganzen Ort; 1794 wurde er von französischen Truppen geplündert.

Sehenswert sind die beiden Burgen. Die *Oberburg* kam 1147 an das Erzbistum Trier. Im Dreißigjährigen Krieg wurde sie verwüstet und später dann von den Truppen Ludwig XIV. restlos zerstört. Die Ruine wurde von der Gemeinde Manderscheid restauriert, um sie vor dem endgültigen Verfall zu bewahren.

Die *Niederburg* war seit dem 12. Jh. im Besitz der Grafen von Manderscheid. Mit dem Bau der Stadtmauer wurde die Burg mit dem Ortsteil Niedermanderscheid in den Burgring einbezogen. Hierdurch galt die gesamte Befestigungsanlage im 15. Jh. als uneinnehmbar. Erhalten sind noch die Vorburg, der Zwinger, der Palas und die Burgkapelle. Diese Gebäude sind recht gut restauriert worden.

Von Manderscheid aus lohnt sich eine Wanderung zum *Meerfelder Maar* sowie zum *Mosenberg* mit dem Hinkelsmaar. Hier kann man noch die Stelle sehen, an der einst der Lavastrom in 60 m Breite den Kraterrand durchbrochen hat.

Kurverwaltung.

Wittlich, Daun, Gerolstein, Himmerod, Trier.

„Zens“.

„Heidsmühle“; „Bleeck“; „Haus Burgblick“; „Fischerheid“.

„Huth“; „Grafeneck“; „Claudia“; „Galbraith“; „Biedlingmaier“.

Mosenbergstraße. – Herbstloch.

Von Manderscheid folgt man der „Grünen Straße“ in nördlicher Richtung über *Buchholz* und *Eckfeld* nach *Brockscheid.* Hier kann man die über 100 Jahre alte Glockengießerei besichtigen (Inf.: bei der Kurverwaltung Manderscheid).

Die Straße Manderscheid–Wittlich führt zwischen Lieser und Kleiner Kyll nach Großlittgen (Reste eines Ringwalls). Nach wenigen Kilometern erreicht man dann im Salmtal die

***Abtei Himmerod.** Erzbischof Albero von Trier gründete auf Veranlassung des Ordensstifters Bernard von Clairveaux im Jahr 1138 die erste Abtei. Die romanische Kirche wurde um 1700 vollständig abgerissen und 1750 als *Barockkirche* wieder aufgebaut. Viele Mitglieder der

Abtei Himmerod

Eifeler Adelsgeschlechter traten als Mönche in das Kloster ein. Im Jahr 1802 wurde es von der französischen Regierung aufgelöst und das Vermögen als Nationaleigentum des französischen Volkes eingezogen. Ein Jahr darauf verkauften die Franzosen die Gebäude, die dann im Lauf der Jahre abgetragen wurden.

Die Kirche fällt durch ihre einfache Gestaltung des Innenraums auf, der nur durch eine hohe Fensternische aufgehellt wird. Als einem der bedeutendsten Hallenbauten des Barock fehlt diesem „Mariendom der Eifel" fast jeder ornamentale Schmuck. Die 38 Meter hohe Fassade und der sich anschließende Kreuzgang verraten die geniale Hand des Mettlacher Baumeisters *Christian Kretschmar* (1741–51). Die Klostergebäude wurden nach alten Plänen 1925–1927, die schöne Klosterkirche 1952–1960 vom Kölner Architekten Lehmenkühler wiederaufgebaut. Vom alten Kloster blieben der Torbau (1752), die Wagenremise und die Mühle (1701) sowie die Mauerumfriedung des gesamten Abteibereichs erhalten.

Über *Großlittgen* und *Minderlittgen* erreicht man die Kreisstadt Wittlich (s. S. 31). Von hier gelangt man auf der B 49 zum Weinort *Dreis* (Pfarrkirche aus dem 18. Jh., Barockschloß für die Äbte aus rotem Sandstein).

Folgt man nun dem Salmtal 3 km flußaufwärts, dann sieht man inmitten von Wiesen, die von Wäldern umgeben sind, die *Wasserburg Bruch* (1. Hälfte 12. Jh.). Erhalten blieben der Torbau, der fünfgeschossige Eckturm und ein freistehender Rundturm. Bruch liegt in der Nähe von *Dodenburg* (1279 erstmals urkundlich erwähnt, Barockschloß).

Ein kleiner Umweg führt durch den Wald nach Heckenmünster und von dort in östliche Richtung nach

Klausen, einer vielbesuchten *Wallfahrtsstätte.* Der fromme Tagelöhner Eberhard stellte um 1440 in der kleinen Kapelle ein Bild der Muttergottes auf, das sich als wundertätig erwies. Immer mehr Wallfahrer aus der Umgebung unternahmen im Laufe der folgenden Jahre eine Pilgerfahrt zu dem wundertätigen Bild.

Die Zustimmung zum Bau der Kapelle erhielt Eberhard von den Herren v. Esch. In der Folgezeit halfen die Bauern Eberhard beim Bau der kleinen Kapelle. Damals erstand man in Trier das sogenannte ältere Gnadenbild, welches heute in der Gnadenkapelle aufbewahrt wird.

Weinfelder Kirche am Totenmaar

Neben der Kirche entstand die „Eberhard-Klause".

Da aber der Strom der Pilger zu dieser Wallfahrtsstätte ständig anstieg, erwies sich die ursprüngliche Kapelle bald als zu klein, man war gezwungen eine Kirche zu errichten. Die Betreuung des Wallfahrtsortes wurde 1457–59 den Augustiner-Chorherren übertragen. Diese begannen mit dem Bau einer Herberge sowie mit dem Bau der Kirche, der größten spätgotischen Hallenkirche im Moselraum. Der Baumeister war Cluys aus Antwerpen. Das sich anschließende Kloster wurde im Jahre 1802 im Zuge der Säkularisation aufgelöst.

Vom Kreuzgang des Klosters und den kleinen Gebäuden, die zum Teil in die Kirche mit einbezogen waren, sind nur noch wenige Reste zu sehen. Die umfangreiche Klosterbibliothek wurde in die Stadtbibliothek von Trier einbezogen. Im schön restaurierten Ortskern (Fußgängerzone) steht der *Marien-Wallfahrtsbrunnen.*

Ein besonders wichtiges Ereignis in der Geschichte des Ortes war die Schlacht von Klausen während des Polnischen Erbfolgekrieges: Am 20. 10. 1737 brachte Prinz Eugen mit der Rheinarmee den Franzosen eine vernichtende Niederlage bei.

Über Hetzerath erreicht man die B 49 und fährt an den Weinorten Bekond und Schweich vorbei bis zur alten Bischofsstadt Trier (siehe Polyglott-Reiseführer „Mosel").

Route 6: Düren – *Monschau – Schleiden – *Kloster Steinfeld – Reifferscheid – Kronenburg – Stadtkyll (106 km)

An den Nordostausläufern der Eifel liegt die Kreisstadt

Düren (221 m, 87 000 Einw.). Weltbekannte Unternehmen der papierherstellenden Industrie haben hier ihren Sitz. Die Stadt wurde während des Zweiten Weltkrieges zu 85 Prozent zerstört und danach im modernen Stil wieder aufgebaut.

Der Ort entstand um 748 aus dem fränkischen Königshof villa duria. Karl der Große baute hier eine Pfalz. Eine Zeitlang freie Reichsstadt, wurde Düren 1242–1246 an das Herzogtum Jülich verpfändet. Nach der Eroberung durch Karl V. brannte die Stadt ab. Nach dem Wiederaufbau entwickelte sich Düren im 18. Jh. zur Handels- und Industriestadt.

Sehenswert sind das **Leopold-Hoesch-Museum* (Kunst des 19. u. 20. Jh.), das *Wasserschloß Burgau* sowie die Reste der mittelalterlichen *Stadtbefestigung*.

ⓘ Städtisches Verkehrsamt, im Rathaus.

Aachen, Köln, Nideggen-Heimbach, Jülich, Mönchengladbach, Neuss, Düsseldorf, Bonn.

„Alte Post“.

„Germania“; „Europa“.

„Düren-Ost“; „Zum Nachtwächter“; „Echtzer Hof“.

– Echtzer Badesee.

Lohnend ist von Düren aus ein Abstecher zum Dorf *Merode*. Man erreicht es nach wenigen Kilometern, wenn man auf der B 264 in westlicher Richtung fährt. Das Wasserschloß der Grafen von Merode wurde im 17. Jh. erbaut. Sehenswert sind die Gemälde- und Waffensammlungen.

Die Route geht von Düren aus auf der B 399 über Birgel nach Gey, das am Rand des Naturparks Nordeifel liegt. Hinter Groß- und Kleinhau taucht nach 15 km *Hürtgen* (großer Soldatenfriedhof) auf.

Nach diesem Dorf verläuft die Straße am Kallbachstausee entlang über Simmerath und Imgenbroich nach

***Monschau** (350–650 m, 11 800 Einw.), 40 km. Die berühmte Tuchmacherstadt liegt im engen Felsental der Rur. Monschau gilt vom städtebaulichen Standpunkt aus gesehen als schönster Ort der Eifel. Während der letzten zwei Jahrhunderte wurden hier keine nennenswerten Veränderungen am Stadtkern vorgenommen. Überragt wird die Stadt von der mächtigen mittelalterlichen *Burg* (s. S. 3) mit starken Befestigungsanlagen.

Im 13. Jh. wird die Burg als Castrum in Munioie erstmals erwähnt. Die Burg wechselt mehrmals ihre Besitzer. Den Limburgern folgen eine Seitenlinie der Grafen von Schönforst und 1435 die Herzöge von Jülich. Nach dem Jülich-Clevischen Erbfolgestreit kommt der Ort an Pfalz-Neuburg, dann an die Kurpfalz.

6

Nach dem Einmarsch der französischen Truppen (1794) wird Monschau Kantonssitz; 1815 fällt der Ort an Preußen und wird Kreisstadt.

Unter den vielen schönen Fachwerk- und Patrizierhäusern hebt sich das *Rote Haus* (1765) von Johann Heinrich Scheibler, dem Begründer einer berühmten Feintuchspinnerei, hervor. Die Inneneinrichtung vermittelt einen Einblick in die Wohnkultur reicher Bürger vor 200 Jahren. Der rote Backsteinbau ist durch ein dreigeschossiges Schieferdach abgeschlossen. Sehenswert sind auch die geschnitzten Rokoko-Treppen.

Bei einem Bummel durch die engen Gassen des Ortes sollte man sich noch das *Haus Troistorff* (1783, im Louis XVI-Stil) und die alte *Pfarrkirche* von 1649 ansehen.

Am Marktplatz steht das ehemalige *Minoritenkloster* (1720), früher einschiffige Klosterkirche, heute ein katholisches Gotteshaus.

Von der *Burg* blieben nur noch Reste erhalten, die aber dem Besucher auch heute noch einen Eindruck von der einstigen Stärke der Anlage vermitteln. Im ehemaligen Palas ist die Jugendherberge untergebracht. Am Unterberg stehen noch der starke *Batterieturm* und der sogenannte *Eselsturm*. Am Eingang zur Oberburg blieb noch der gewaltige gotische *Torbau* mit Rundtürmen und Wehrmauern erhalten.

🛈 Tourist-Information, Stadtstr. 1.

🚌 Kalterherberg, Aachen.

🏨 „Royal"; „Lindenhof"; „Mühlenberg". – „Aquarium", im Stadtteil Höfen.

⌂ „Eifeler Hof"; „Horchem"; „Burgau"; „Sporthotel Prünmer", im Stadtteil Höfen.

⛺ Burg – ⛺ Perlenau – 🏊.

Schleiden, Burg und Schloßkirche

Hinter Monschau verläuft die B 258 über *Höfen*, wo noch zwei strohgedeckte Bauernhäuser hinter hohen Buchenschutzhecken stehen. Diese Häuser waren einst typisch für das Venn-Land. Die Route verläuft dann durch das Oleftal nach

Schleiden (320–620 m, 13 500 Einw.), 75 km. Der Luftkurort (mit Kneipp-Kurort Gemünd) liegt inmitten des Naturparks Nordeifel. In dem Schloß residierten nacheinander die reichsunmittelbaren Grafen von Schleiden, die Grafen von Manderscheid und schließlich die Grafen von der Mark und die Herzöge von Arenberg.

Durch viele Umbauten entstand aus der ursprünglich romanischen Burg ein schloßähnlicher Wohnbau, der zusammen mit der *Schloßkirche* (jetzt Pfarrkirche) das Bild dieses Städtchens bestimmt. Sehenswert sind in der dreischiffigen spätgotischen katholischen Pfarrkirche das Netzgewölbe aus dem 16. Jh. und das schwarze Renaissancegrabmal der Sybille von Hohenzollern sowie die beiden kostbaren mittelalterlichen Glasfenster (1525) aus der flandrisch-kölnischen Frührenaissance.

Im Ortsteil *Gemünd* Kurhaus, Haus des Gastes und Kurpark.

🛈 Kurverwaltung Schleiden-Gemünd, Kurhausstr. 6, Tel. 0 24 44/20 11.

🚂 Nächste Bahnstation Kall an der Strecke Köln–Trier.

🏨🏨 „Alte Rentei"; „Tannenhof".

🏨 „Schleidener Hof"; „Zum Urfttal"; „Kurhotel Friedrichs"; „Kurpark-Hotel"; „Haus Salzberg"; „Lieske".

⌂ „Waldhof"; „Haus Marienfels".

⛺ Schleiden-Gemünd; Im Wingertchen.

⛺ Dieffenbachtal, Weiermühle, Schalbachmühle. – 🏊 Hallenbad.

Von Schleiden aus kann man zahlreiche Ausflüge und Wanderungen in die Umgebung unternehmen.

Folgt man der B 258 weiter in östlicher Richtung, so erreicht man über einen Straßenabzweig nach 8 km den Erholungsort Kall (Pfarrkirche mit frühgotischem Chor und Reste einer spätgotischen Hallenkirche).

Von Kall sind es wieder nur einige Kilometer über *Sötenich* und *Urft* (im Naturschutzgebiet die Burgruine Stolzenburg und gut erhaltene Teile der ehemaligen römischen Wasserleitung) bis zur ehemaligen Prämonstratenserabtei

***Kloster Steinfeld.** Die Anlage gilt als größte westdeutsche Klosteranlage. Nach der Überlieferung soll Graf Sibido von Are 930 hier eine Kirche erbaut haben. Das spätere Kloster kam zu Beginn des 12. Jh. an die Prämonstratenser und wurde 1184 Abtei. In Steinfeld befindet sich der *Barocksarkophag des hl. Hermann Joseph* (1150–1241), der lange hier wirkte. Bis ins ausgehende 18. Jh. hinein wurde die Abtei immer wieder in kriegerische Auseinandersetzungen verwickelt. 1802 säkularisiert, kam die 30 Morgen große Anlage in den Besitz des preußischen Staates und wurde eine Erziehungsanstalt. Seit 1923 unterhalten die Salvatorianer hier ein Gymnasium (mit Internat).

Der neben der großzügigen Barockanlage des Klosters gelegene Bau der **Klosterkirche St. Potentinus** (die Gebeine des Moselheiligen ruhen hier) geht auf das 12. Jh. zurück. Die dreischiffige Pfeilerbasilika mit Kreuzgewölben weist eine halbrunde Apsis und vier rechteckige Chorkapellen auf. Vor der südlichen Querhausmauer befinden sich zwei Kapellen, die ebenfalls mit einem Kreuzgewölbe ausgestattet sind. Das Langhaus mit dem Wechsel von Kreuzpfeilern, quadratischen Stützen und den paarweise angeordneten Rundbogenfenstern im Obergaden zählt zu der Gruppe frühstaufisch-niederrheinischer Gewölbebasiliken.

Nach einem Dachbrand wurden die beiden Westtürme, die bisher barocke Hauben getragen hatten, mit dem gesamten Westwerk 1884 durch den Kölner Baumeister W. Wiethase (nach spätgotischen Ritzzeichnungen im Putz der südlichen Chorkapelle) in ihrer jetzigen Form errichtet. Der Innenraum der Kirche ist dank der Verbindung spätgotischer Gewölbemalerei (Anfang 16. Jh.) und reicher Barockausstattung (1680–1732) mit der schmucklosen romanischen Architektur besonders reizvoll. Der schon um 1480 errichtete spätgotische Lettner wurde 1509 als Orgelempore an die Westwand der Kirche versetzt. Hier steht die berühmte mächtige Orgel. In der Kirche sollte man außer der architektonischen Konzeption die 1925–1938 freigelegten Wandmalereien nicht übersehen. Die gotischen Kreuzgangfenster befinden sich seit 1928 z. T. im Viktoria-und-Albert-Museum in London.

Für den Musikfreund verdient Beachtung: Im Kloster Steinfeld finden Orgelkonzerte und andere musikalische Veranstaltungen statt.

Zurückgekehrt nach Schleiden, folgt man jetzt wieder der B 265, die parallel zur Olef verläuft, und erreicht nach 7 km

Hellenthal (420 m, 2000 Einw.). Dieser Luftkurort bietet ideale Wander- und Wintersportmöglichkeiten. Sehenswert sind das *Wildgehege* (mit Greifvogelstation) und die *Oleftalsperre,* die von 1955 bis 1958 gebaut wurde. Auf einer Länge von 4,8 km werden westlich von Hellenthal 20 Millionen cbm Wasser gestaut.

ⓘ Verkehrsamt, Rathausstr. 2, Tel. 0 24 82/6 55.

🚂 Nächste Bahnstation Kall an der Strecke Köln–Trier.

🏨 „Haus Lichtenhardt“; „Landhaus Kirch“; „Zum Alten Amt“.

⌂ „Haus Berghof“.

⛺ Im Platis 3. – ⛺. – 🏊.

Nach diesem Abstecher erreicht man kurz hinter dem Ortsteil Blumenthal den Ortsteil

Reifferscheid (400 m, 600 Einw.), 80 km, ein altes Burgdorf. Von der ehemals starken Burg, von der aus im 13. Jh. Raubritter die nähere und weitere Umgebung in Angst und Schrecken versetzten, sind nur noch Ruinen vorhanden. Sehenswert sind die Reste der alten *Ortsbefestigung* und die spätgotische *Hallenkirche* (1130; schöne Netzgewölbe). Unweit südöstlich von Reifferscheid liegt im Ortsteil *Wildenburg* die Ruine der gleichnamigen Burg aus dem 12. Jh.

Setzt man die Fahrt in südlicher Richtung fort, erreicht man bald

Kronenburg (592 m, 420 Einw.). Der malerische Ort mit seinen Fachwerkhäusern und der spätgotischen Einstützenkirche scheint mit der ehemaligen Ringmauer fest verwachsen zu sein. Der Ferienpark *Kronenburger See,* mit Ferienhäusern und Freizeitanlage, erstreckt sich um den 27 ha großen Kronenburger See, mit Angel- und Wassersportmöglichkeit.

ⓘ Gemeindeverwaltung Dahlem.

🏨 „Das Burghaus“.

⌂ „Kyllterrasse“; „Hermanns“; „Eifelhaus Kronenburg“. – ⛺.

Hinter Kronenburg erreicht man nach wenigen Kilometern Stadtkyll (s. S. 36). Man könnte von dort aus zum Beispiel diese Route mit der Route 1 nach Trier oder Köln verbinden.

Route 7: Zülpich – Heimbach – *Rurtalsperre – Gemünd – Hillesheim – Ahrdorf – *Bonn (rund 200 km)

Von *Zülpich* (s. Route 2) führt die B 265 ins sanft ansteigende Voreifelland bis *Wollersheim,* dann biegt man rechts ab und kommt über *Berg* zum einst trutzigen Städtchen *Nideggen* (12 km, s. Route 2). Durch das wuchtige Zülpicher Tor windet sich die Straße hinunter ins Tal der Rur nach *Abenden.* Über *Blens* (Burg und Kirche) und das in eine Aue sich schmiegende *Hausen* geht es wieder talaufwärts. Die Straße folgt den Windungen der Rur, die hier tief im Tal verläuft. Weithin sichtbar sieht man bald die trutzige Burg Hengebach und das hübsche Städtchen

Heimbach (205 m, 4500 Einw.), 19 km. Der mit einem dichten Wald umgebene Ort ist ein beliebtes Erholungsziel mit bekömmlichem Reizklima. 673 erstmalig urkundlich erwähnt, traten als erste adelige Herren die von Hengebach (10. Jh.) auf. Seit 1305 gehörte Hengebach-Heimbach zum Jülicher Herzogtum. 1687 brannte die Burg ab, ging 1804 in Privatbesitz über, wurde renoviert und kam 1935 an den Kreis Schleiden. Heute ist die Burg im Besitz der Stadt Heimbach.

Außer der nach alten Grundrissen vorbildlich wiederaufgebauten, langgestreckten *Burganlage* (104 m lang, 40 m breit) sind noch sehenswert: die *Salvatorkirche,* mit einem spätgotischen Antwerpener Schnitzaltar, und die überreiche Barockausstattung der Pfarrkirche *St. Clemens,* mit einem Altarbild des Rubens-Schülers Pieter Soutman (1580 bis 1667).

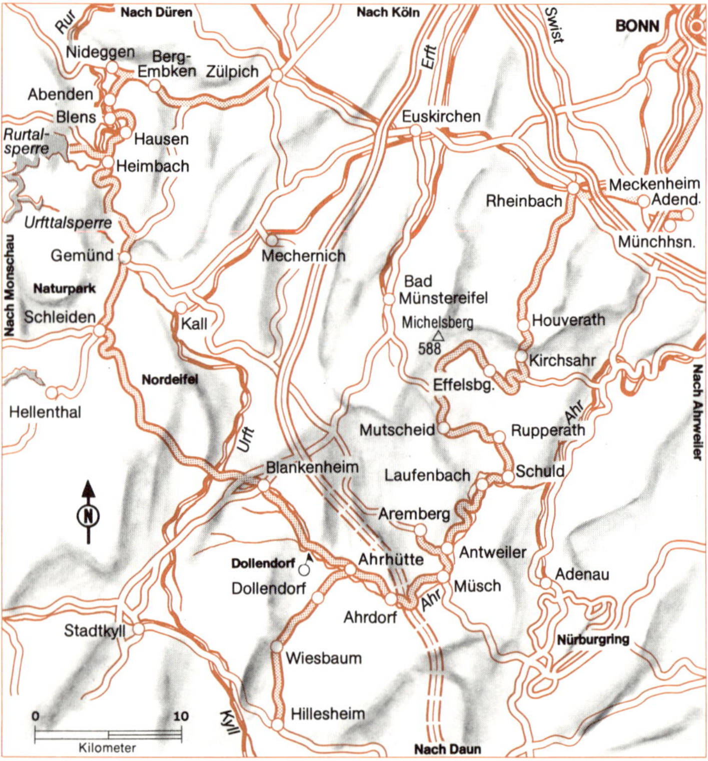

Lohnend ist ein kurzer Spaziergang zur *Trappistenabtei Mariawald* (1,5 km), die von Zisterziensern als Priorat 1480 gegründet wurde. 1802 säkularisiert, wurde die Abtei 1860 von reformierten Zisterziensern (Trappisten, einzige Niederlassung in Deutschland) neu besiedelt. Im Gegensatz zur schlichten, einschiffigen Kirche mit Kreuzgewölben stammen die Klostergebäude noch aus dem späten Mittelalter. Erhalten ist der schön gestaltete Kapitelsaal (Sterngewölbe) im Westen des Kreuzganges. Bibliothek und Speisesaal stammen aus der Gründerzeit. Zum Wirtschaftshof führt das Hoftor (1538). Restaurant beim Kloster.

Düren.

Nideggen, Düren, Gemünd, Schleiden.

„Burg Heimbach“; „Eifelhaus“.

Von Heimbach sind es nur wenige Kilometer bis zur größten Talsperre der Bundesrepublik, der

***Rurtalsperre.** Sie wurde 1934 bis 1938 bei dem Gut Schwammenauel errichtet. Die erste Staumauer (350 m lang, 56 m hoch) wurde in den Jahren 1955 bis 1959 auf eine Höhe von 72 m und eine Länge von 480 m vergrößert. Die überstaute Fläche beträgt 8 km², das Fassungsvermögen 274 Mio. m³ Wasser. Die Talsperre dient dem Hochwasserschutz, der Energieerzeugung und der Trinkwasserversorgung.

Von Einruhr, dessen Heilquellen schon die Römer schätzten (Säuerling), fährt man auf der B 266 nach

Gemünd (350–520 m; Ortsteil von Schleiden), 47 km. Der staatlich anerkannte Kneippkurort liegt an den Hängen des *Kermeter-Hochwaldes.*

Die B 258 verläuft jetzt über Schleiden nach Blankenheim (Route 1), 26 km. Über einen Straßenabzweig rechts bei Ahrhütte erreicht man über *Wiesbaum* das hübsche, mit einer mittelalterlichen Mauer umgebene Städtchen

Hillesheim (450 m, 2500 Einw.), 100 km. In der Nähe, an der ehemaligen Römerstraße zum Rhein, fand man Münzen und eine Quellfassung. Später wurden die Franken in Hillesheim seßhaft (Handels- und Gewerbeplatz). 1354 wurde der Ort kurtrierisches Amt bis zum Einmarsch der Franzosen. In der Mitte des 13. Jhs. bekam Hillesheim ein Augustiner-Chorherren-Kloster (später mit Gymnasium). In der katholischen *Pfarrkirche* sind die Stumm-Orgel und der wappengeschmückte Altar (1602) sehenswert. Die Stadtmauer, an die der Stadtpark angrenzt, hat einen begehbaren Wehrgang. Alte Bürgerhäuser prägen den vorbildlich sanierten Ortskern. Am 1. und 3. Donnerstag im Monat findet ein großer Kram-, Rindvieh- und Schweinemarkt statt.

Bahnhof Oberbettingen-Hillesheim an der Strecke Köln – Trier.

„Fasen“ – Golfplatz.

„Zum Amtsrichter“; „Zur Post“.

Auf dem Weg zurück nach Ahrhütte sieht man schon von weitem die Burg Kerpens (12./16. Jh.), 105 km. Man erreicht dann bald

Ahrdorf, 113 km. 970 gegründet, gehörte das Dorf lange zur Abtei Maximin/Trier. Etwas oberhalb, am Ahrbach, liegt die Ruine Neu-Blankenheim (1314). Hinter Müsch (123 km) kommt man nach Antweiler, das schon zur Merowingerzeit besiedelt war und bis zur französischen Invasion (Ende 18. Jh.) zum Herzogtum Aremberg gehörte. –

Links der Ahr liegt der *Aremberg* (623 m), 130 km, mit dem gleichnamigen Dorf. Von der Schloßruine hat man eine herrliche Aussicht weit ins Land.

Ahrabwärts, vorbei an Laufenbach (früher Hofgut Arembergs), liegt *Schuld* (137 km) mit einer romanischen Kirche und alten Häusern der Schuldner genannten Bürger. Das Dorf *Rupperath* ist als Weberdorf bekannt.

Hinter *Mutscheid* (895 erwähnt), 143 km, mit romanisch-gotischer Kirche, das an der Wasserscheide zwischen Ahr und Erft liegt, zieht sich die Straße den *Michelsberg* (588 m), 149 km, hoch.

Über dicht bewaldete Hochflächen erreicht man *Effelsberg* (152 km), auf dem das riesige **Radioteleskop* (s. S. 35) steht.

Von Effelsberg fährt man über den Ostausläufer der Eifel mit Orten wie Kirchsahr und Houverath nach Rheinbach (172 km), das nahe bei Tomburg liegt. Über Meckenheim (Route 2) erreicht man die Wasserburg *Münchhausen,* 184 km. Sie war ursprünglich Lehen der Abtei Prüm und kam später zu Kurköln.

Zurück nach *Meckenheim,* erreicht man auf der B 257 **Bonn* (196 km).

Register